ÉLÉMENTS

DE

GÉOGRAPHIE GÉNÉRALE

Ouvrage conforme aux programmes de 1872

POUR LA CLASSE DE MATHÉMATIQUES
PRÉPARATOIRES

PAR

E. CORTAMBERT

Président de la Commission centrale de la Société de géographie
Bibliothécaire de la Section géographique de la Bibliothèque nationale

4e ÉDITION CONTENANT DE NOMBREUSES GRAVURES INTERCALÉES DANS LE TEXTE

PARIS

LIBRAIRIE HACHETTE & Cie

79, BOULEVARD SAINT-GERMAIN, 79

ÉLÉMENTS

DE

GÉOGRAPHIE GÉNÉRALE

OUVRAGES CLASSIQUES DE M. CORTAMBERT

I. — ENSEIGNEMENT GÉNÉRAL DES DEUX SEXES.

II. — ENSEIGNEMENT SECONDAIRE DES LYCÉES ET DES COLLÉGES.

ATLAS SPÉCIAL CORRESPONDANT à chaque volume de l'enseignement secondaire.

III. — ENSEIGNEMENT SECONDAIRE SPÉCIAL.

IV. — ENSEIGNEMENT PRIMAIRE DES DEUX SEXES.

V. — ATLAS DIVERS (*voyez aussi les titres précédents*).

ÉLÉMENTS

DE

GÉOGRAPHIE GÉNÉRALE

Ouvrage conforme aux programmes de 1872

POUR LA CLASSE DE MATHÉMATIQUES
PRÉPARATOIRES

PAR

E. CORTAMBERT

Président de la Commission centrale de la Société de géographie
Bibliothécaire de la Section géographique de la Bibliothèque nationale

ÉDITION CONTENANT DE NOMBREUSES GRAVURES INTERCALÉES DANS LE TEXTE

PARIS

LIBRAIRIE HACHETTE & Cie
BOULEVARD SAINT-GERMAIN, 79

1873

TABLE DES MATIÈRES

ÉLÉMENTS

GÉOGRAPHIE GÉNÉRALE

NOTIONS GÉNÉRALES

Objet de la géographie. — La GÉOGRAPHIE a pour objet la description de la Terre.

On peut la considérer sous divers points de vue :

La *géographie cosmographique* traite des rapports de la Terre avec le reste de l'univers.

La *géographie physique* décrit tout ce que la *nature* a produit sur la Terre, c'est-à-dire les divisions naturelles de la surface du globe, la configuration et la composition du sol, les eaux, les productions, le climat.

La *géographie politique* embrasse les divisions que les *hommes* ont établies, les habitations qu'ils ont fondées, les relations que les divers peuples ont entre eux, leur commerce, leur industrie, leur condition civile et religieuse. A la géographie politique se rattache la *géographie historique*, qui expose les changements d'étendue et de noms qu'ont éprouvés les pays dans le cours des siècles.

GÉOGRAPHIE COSMOGRAPHIQUE.

Forme et mouvement de la Terre, cercles géographiques. — La Terre est ronde : sa circonférence est divisée en 360 *degrés*; le degré comprend 60 *minutes*, et la minute 60 *secondes*[1].

____

[1] On désigne les degrés par ce signe °, les minutes par celui-ci ′, et les secondes ainsi ″.

Elle tourne sur elle-même dans l'espace de vingt-quatre heures. On appelle *axe* la ligne imaginaire sur laquelle se fait ce mouvement ; les *pôles* sont les extrémités de cet axe. L'*équateur* est un cercle qui, placé à égale distance des deux pôles, coupe le globe en deux *hémisphères*.

Les *méridiens* sont des cercles perpendiculaires à l'équateur et passant tous par les pôles.

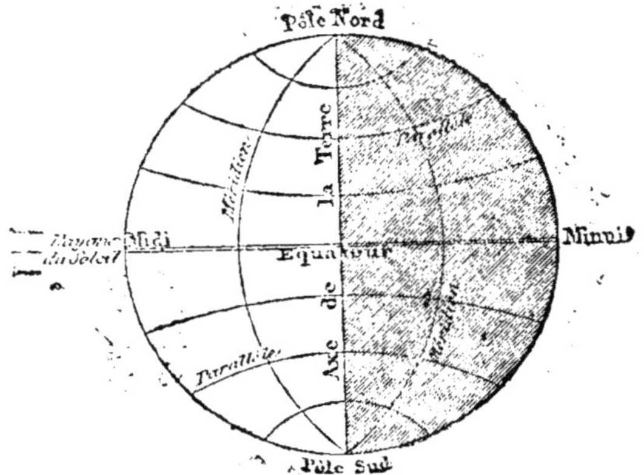

Pôles. — Équateur. — Méridiens. — Parallèles.

Les *parallèles* sont des cercles parallèles à l'équateur. Parmi ces cercles, on remarque les *tropiques du Cancer* et du *Capricorne*, à 23 degrés 1 2 de l'équateur, et les *cercles polaires arctique* et *antarctique*, à 23 degrés 1 2 des pôles.

Horizon, points cardinaux. zones. — L'*horizon* est un cercle dont la circonférence est la limite naturelle de notre vue autour de nous.

Il y a sur l'horizon quatre *points cardinaux* : 1° le *nord* ou *septentrion*, qui est aussi appelé point *boréal* : 2° le *sud* ou *midi*, qui se nomme aussi point *austral* ou *méridional;* 3° l'*est, levant* ou *orient ;* 4° l'*ouest, couchant* ou *occident.* — On compte ensuite quatre *points collatéraux :* le *nord-est,* le *nord-ouest,* le *sud-est* et le *sud-ouest.*

Il se trouve, entre les points précédents, des points *intermédiaires,* dont les principaux sont : le *nord-nord-est,* le *nord-nord-ouest,* l'*est-nord-est,* l'*ouest-nord-ouest,* le *sud-*

sud-est, le *sud-sud-ouest*, l'*est-sud-est*, et l'*ouest-sud-ouest* [1].

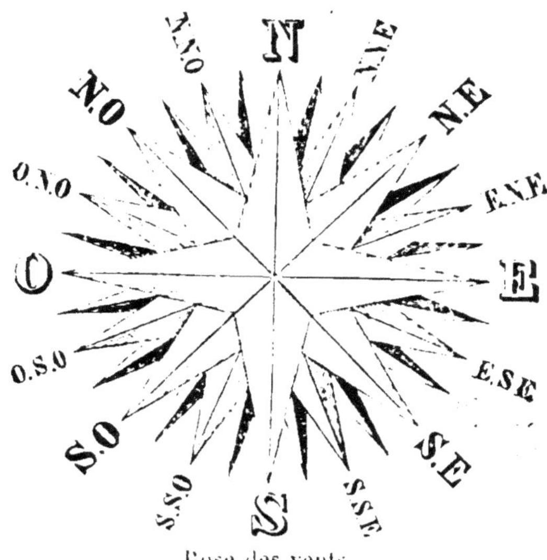

Rose des vents.

Il y a cinq *zones*, établies d'après les principales températures qui règnent sur le globe : la *zone torride*, entre les deux

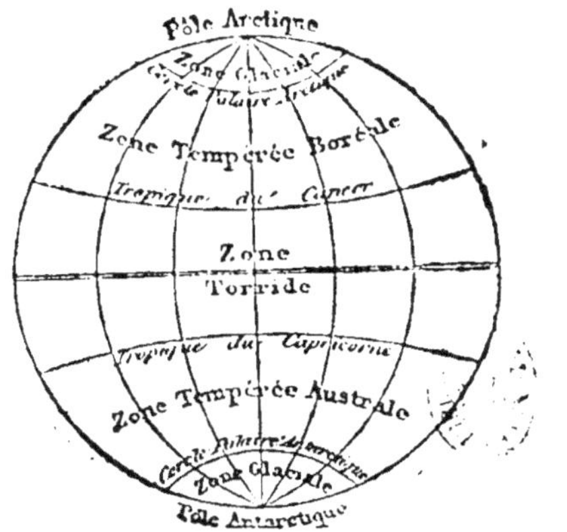

Zones. — Tropiques.

tropiques; les deux *zones tempérées boréale* et *australe*, entre les tropiques et les cercles polaires; les *zones glaciales arctique* et *antarctique*, autour des pôles.

1. On abrége les noms de *nord*, *sud*, *est*, *ouest*, **en** écrivant **N.**, **S.**, **E.**, **O.**

Latitude, longitude. — La *latitude* est la dimension du globe du nord au sud ; elle est coupée par l'équateur en deux

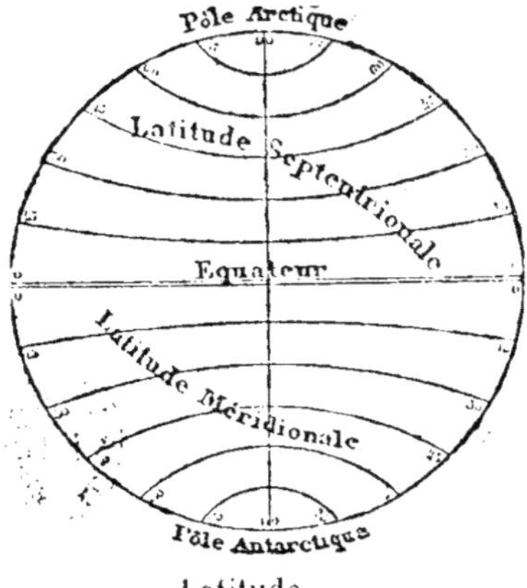

Latitude.

parties, dont chacune a 90 degrés ; on distingue donc une *latitude* N. et une *latitude* S. — La *longitude* est la dimension du globe de l'ouest à l'est ; elle est coupée par un premier méridien en deux parties, dont chacune comprend

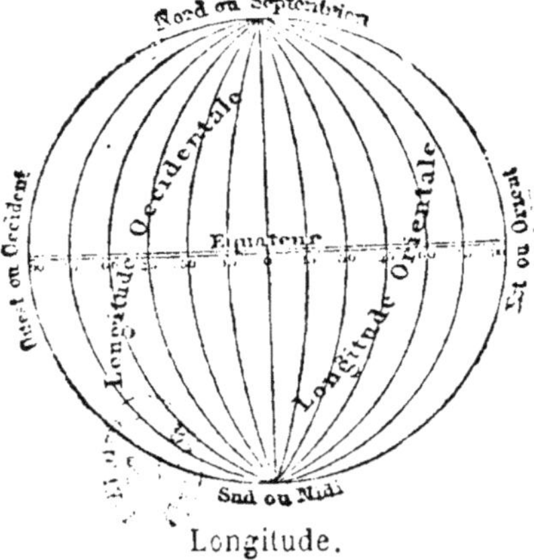

Longitude.

180 degrés ; il y a par conséquent une *longitude* E. et une *longitude* O. On n'est pas d'accord sur le choix du premier méridien : les Français comptent la longitude à partir du méridien de l'Observatoire de Paris ; les Anglais font passer leur premier méridien par Greenwich, à 2° 20′ à l'O. de Paris ; d'autres nations, à l'île de Fer, à 20° à l'O. de Paris.

Saisons. — Les zones tempérées n'ont pas, toute l'année, une température modérée : elles sont soumises à de grandes variations de température qu'on nomme *saisons*, et qui sont dues à l'inclinaison de l'axe sur l'orbite de la Terre. L'hémisphère boréal et l'hémisphère austral sont tantôt dirigés vers le Soleil, tantôt peu exposés à ses rayons : ils ont donc tour à tour des jours plus longs et plus courts, une température plus chaude et plus froide.

Mais ils ont aussi une température également modérée lorsqu'ils passent de l'un de ces extrêmes à l'autre, c'est-à-dire lorsque le Soleil darde verticalement ses rayons sur l'équateur. Ces moments de transition sont appelés *équinoxes*, parce que les jours et les nuits sont alors égaux par toute la Terre, les deux hémisphères recevant autant de lumière l'un que l'autre : cela arrive le 20 ou 21 mars et le 22 ou 23 septembre.

Orbite de la Terre autour du Soleil. — Les saisons.

Lorsque l'hémisphère boréal est le plus incliné vers le Soleil, les rayons de celui-ci tombent perpendiculairement sur le tropique du Cancer. Lorsqu'à son tour l'hémisphère austral est le plus directement exposé vers le Soleil, ce dernier est placé verticalement sur le tropique du Capricorne. Ces deux époques se nomment *solstices*, et se trouvent au 21 ou 22 juin et au 22 ou 23 décembre.

Le *printemps* est une saison généralement tempérée, qui, pour nous, habitants du Nord, commence à l'équinoxe de mars, et finit au solstice de juin. L'*été*, la plus chaude des saisons de l'année, est compris entre ce solstice et l'équinoxe de septembre. L'*automne*, dont la température est modérée, s'étend depuis l'équinoxe de septembre jusqu'au solstice de décembre. Enfin l'*hiver*, la plus froide saison, est renfermé entre ce dernier solstice et l'équinoxe de mars.

Il y a sur le globe des régions où ces quatre grandes variations de la température n'existent pas. Dans la zone torride, par exemple, on ne compte généralement que deux saisons : celle des *pluies* et celle de la *sécheresse*. Dans les zones glaciales, il y a dix ou onze mois d'un hiver rigoureux, et un ou deux mois d'un été assez chaud.

Globes. cartes. mesures, itinéraires. — Pour représenter la Terre, on se sert de *globes artificiels* et de *cartes*.

La carte qui représente la Terre entière est la *mappemonde* ou le *planisphère*. Tantôt elle en montre séparément les deux hémisphères, parce qu'il serait impossible de voir sur le papier le globe tout entier tel qu'il est naturellement, la moitié supérieure cacherait la moitié inférieure : c'est ce qu'on appelle proprement une *mappemonde*. Tantôt on ne cherche pas à rendre la rondeur de la Terre, mais on enlève en quelque sorte au globe sa surface, on la développe et on l'étend, aplatie, sur le papier; alors la carte est carrée, et l'on n'a pas besoin de faire deux hémisphères séparés. Ce sont ces cartes qu'on désigne particulièrement par le nom de *planisphères*.

Les autres cartes sont appelées *générales*, si elles offrent une grande contrée dans son ensemble, et *particulières*, si elles décrivent seulement des parties d'une contrée principale. On appelle spécialement cartes *chorographiques* les cartes destinées à décrire une région peu étendue. On nomme cartes *topographiques* celles qui présentent des détails très-multipliés et jusqu'aux moindres lieux.

Les cartes *hydrographiques* ont pour objet de faire connaître les eaux. On nomme spécialement *cartes marines* celles qui ont pour but la description des mers et qui sont propres à guider les navigateurs.

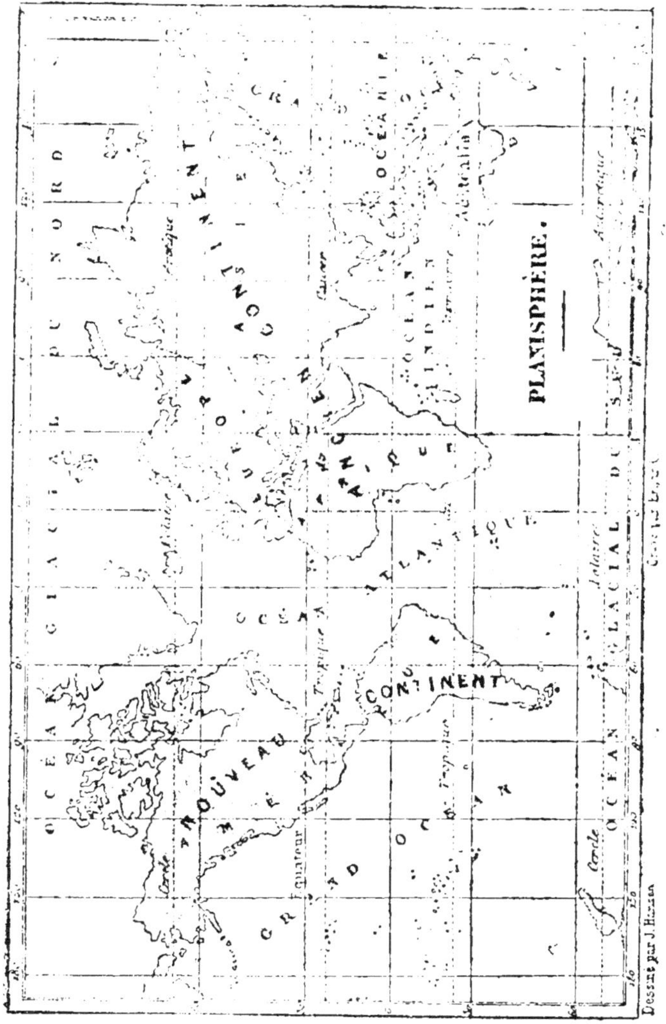

C'est sur les marges de l'est et de l'ouest, à chaque parallèle tracé, qu'on inscrit les numéros indiquant les degrés de latitude. Les degrés de longitude sont marqués sur les marges du nord et du sud, ou le long de l'équateur, à chaque méridien tracé.

Une *échelle* est une mesure placée sur les cartes à côté des pays représentés, et au moyen de laquelle on peut évaluer sur la carte la distance des lieux et l'étendue des pays en *mesures itinéraires*, telles que *kilomètres, lieues*, etc. On dit qu'elle est au 100 000ᵉ, au 50 000ᵉ, au 20 000ᵉ, etc., quand le dessin est 100 000 fois, ou 50 000 fois, ou 20 000 fois, etc., plus petit que le pays qu'il représente. Si l'échelle est plus grande que le 10 000ᵉ, la carte peut porter le nom de *plan*.

Il y a 10 millions de mètres, c'est-à-dire 10 000 kilomètres, ou 1000 myriamètres, dans le quart du méridien terrestre. La Terre a donc 40 000 kilomètres (4000 myriamètres) de tour. Dans un des 360 degrés d'un grand cercle terrestre, c'est-à-dire dans un degré de l'équateur ou du méridien, il entre 111 kilomètres ou 11 myriamètres et 1 dixième. Comme, d'un autre côté, la Terre a 9000 lieues communes de tour, il y a 25 lieues dans un degré. La lieue égale 4 kilomètres et demi.

Le mille marin ou géographique est de 60 au degré, le mille géographique d'Allemagne de 15 au degré, et le mille anglais d'environ 69 au degré.

GRANDES DIVISIONS DU GLOBE. — DÉFINITION DES TERMES DE GÉOGRAPHIE PHYSIQUE.

La surface du globe se divise en deux grandes parties : 1° les *terres* ; 2° les *eaux*, dont l'ensemble forme la *mer*. Les terres, placées en majeure partie au N. de l'équateur, n'occupent qu'environ un tiers de cette surface. Sur 510 millions de kilomètres carrés dont se compose la surface du globe, il y en a 135 millions pour les terres et 375 millions pour la mer. Dans l'hémisphère boréal, les terres sont aux eaux comme 100 est à 154, et, dans l'hémisphère austral, comme 100 à 628.

Les terres forment trois *continents* et un grand nombre d'*îles*. Les premiers sont : 1° l'*Ancien continent*, comprenant l'*Europe*, l'*Asie* et l'*Afrique* ; 2° le *Nouveau continent* ou l'*Amérique* ; 3° l'*Australie* ou *Nouvelle-Hollande*, ou continent *Austral*, bien moins considérable que les deux autres continents, et compris dans une cinquième partie du monde, nommée *Océanie*.

L'Ancien et le Nouveau continent ont entre eux des rapports de forme très-remarquables. Chacun présente deux grandes masses, l'une septentrionale, l'autre méridionale. la masse du nord, dans l'Ancien continent, comprend l'Europe et l'Asie; la masse du sud forme l'Afrique. La masse du nord, dans le Nouveau continent, est l'*Amérique septentrionale*; la masse du sud, l'*Amérique méridionale*. Dans chacun, la masse septentrionale est plus considérable et beaucoup plus irrégulière que la masse méridionale; enfin les parties australes de ces continents ont une grande ressemblance, et s'avancent également au S. en longues pointes pyramidales. La longueur de l'Ancien continent, qui est le plus étendu, est dirigée du N. E. au S. O.; celle du Nouveau, du N. N. O. au S. S. E. La masse du nord de l'Ancien continent s'étend de l'E. à l'O., tandis que celle du Nouveau continent s'étend du N. au S. Dans chaque continent, la masse du S. a sa plus grande longueur du N. au S.

Les continents offrent une surface de plus de 125 millions de kilomètres carrés; les îles, de 10 millions de kilomètres carrés.

L'Ancien continent a 79 330 000 kilomètres carrés; le Nouveau, 37 980 000, et le continent Austral, 7 660 000.

Les espaces de terre moins grands que les continents et entourés de tous côtés par les eaux sont des *îles*.

On donne le nom d'*îlots* aux îles les plus petites.

Lorsque les îles sont rapprochées les unes des autres, elles composent des *groupes* et des *archipels*.

La partie du globe où l'on trouve le plus d'îles est au S. E. de l'Asie, dans le Grand Océan; les îles de cette région et l'Australie composent une cinquième partie du monde, nommée *Océanie*.

En rattachant aux continents les îles qui les avoisinent, on distribue toutes les terres en trois *mondes*: 1° l'*Ancien Monde*, qui comprend l'Ancien continent et les terres qui l'entourent; 2° le *Nouveau Monde*, qui renferme le Nouveau continent et les îles environnantes; 3° le *Monde Maritime*, qui se compose de l'Océanie.

On appelle *contrée*, *région* ou *pays*, une certaine étendue de terre.

Des portions de terre entourées d'eau presque de tous côtés

s'appellent *péninsules* ou *presqu'îles*, car ce sont *presque des îles*.

Un *isthme* est un espace étroit par lequel deux portions de terre sont jointes l'une à l'autre. Les isthmes les plus remarquables du globe sont celui de *Suez*, qui unit l'Afrique à l'Asie, et l'isthme de *Panama*, qui unit les deux Amériques.

Les *côtes* sont les bords des continents et des îles. Quand elles sont hautes et escarpées, elles s'appellent *falaises*; si elles sont basses, elles forment des *plages*, des *grèves*.

Les petits avancements des côtes sont les *promontoires*, les *caps* et les *pointes*.

L'ensemble des eaux répandues sur la Terre forme une grande masse qu'on appelle la *mer*, et qui occupe environ les deux tiers de la surface du globe.

La partie la plus vaste de la mer est l'*Océan*.

On divise l'Océan en cinq parties :

1° L'*océan Atlantique*, à l'O. de l'Ancien continent et à l'E. du Nouveau; — 2° le *Grand Océan* ou l'*océan Pacifique*, à l'E. de l'Ancien continent et de l'Australie, et à l'O. de l'Amérique; — 3° l'*océan Indien*, au S. de l'Asie, à l'E. de l'Afrique et à l'O. de l'Australie; — 4° l'*océan Glacial arctique*, dans la partie la plus boréale du globe; — 5° l'*océan Glacial antarctique*, dans la partie la plus australe.

Une *mer* est une partie de l'Océan qui pénètre dans l'intérieur des terres : telle est la *Méditerranée*, formée par l'océan Atlantique, et placée entre l'Europe, l'Afrique et l'Asie.

Les *golfes* et les *baies* sont des enfoncements moins étendus que les mers.

Les *anses* sont moins grandes que les baies.

Les *rades*, les *ports* et les *havres* sont encore plus petits. Ces enfoncements sont ordinairement propres à servir de refuge aux vaisseaux.

Les *détroits* sont des espaces de mer resserrés entre deux parties de terre. Quelquefois on les appelle *canaux*. Les détroits les plus remarquables du monde sont : le détroit de *Beering*, qui sépare l'Ancien continent du Nouveau, et qui unit le Grand Océan à l'océan Glacial arctique ; le détroit de

Bab-el-Mandeb, entre l'Asie et l'Afrique ; le détroit de *Ma-laka*, entre l'Asie et l'Océanie ; le détroit de *Gibraltar*, qui sépare l'Europe de l'Afrique et qui unit la Méditerranée à l'Atlantique.

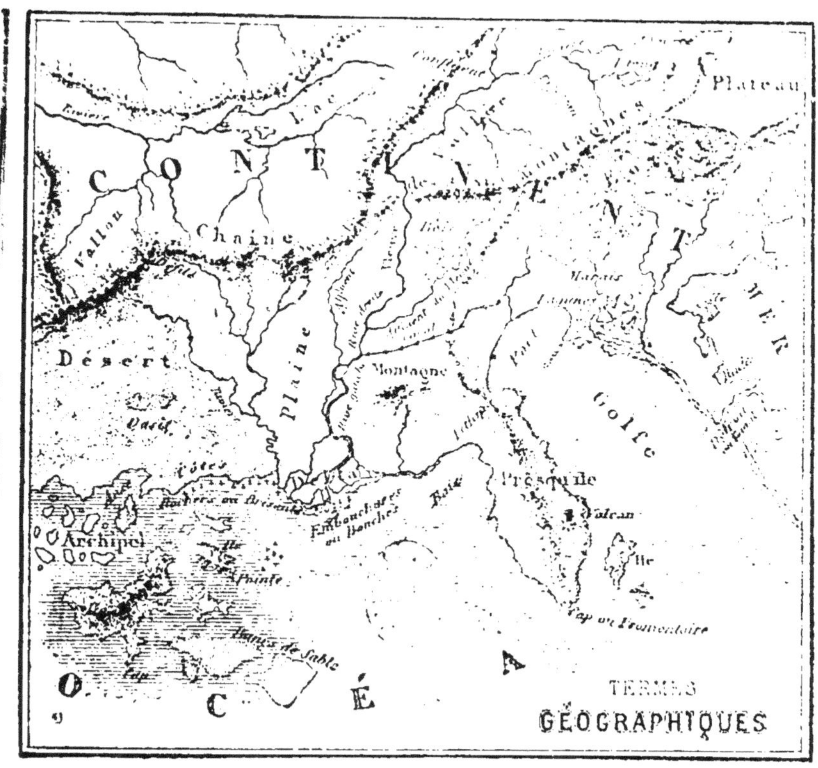

Carte de géographie physique.

Les grands amas d'eau placés au milieu des terres sont des *lacs*. Il y en a d'assez considérables pour porter le nom de *mer* : telle est la mer *Caspienne*, au milieu de l'Ancien continent.

Les amas d'eau peu profonds situés dans les terres sont des *marais*.

Les *lagunes* sont des espèces de lacs placés près des côtes et communiquant avec la mer. On les nomme quelquefois *étangs*.

Il existe souvent dans la mer des rochers dangereux pour les navigateurs : on les appelle *écueils, récifs* ou *brisants*.

Il s'y trouve aussi des espaces sablonneux, qui sont également fort dangereux pour les vaisseaux, et qu'on appelle *bancs de sable*.

Les vents produisent sur la mer et les lacs des élévations mobiles qu'on appelle *vagues, ondes, lames* et *flots*.

Il y a, dans la mer, des *courants*, qui portent les eaux dans de certaines directions. Il existe deux mouvements généraux des eaux : d'abord, des pôles à l'équateur, c'est-à-dire un double courant *polaire*, par suite de la grande évaporation qui attire les eaux froides ; ensuite, dans la zone torride, le mouvement général de l'E. à l'O., c'est-à-dire un *courant équatorial*, parce que les eaux de cette zone ne peuvent pas suivre la rotation du globe, plus rapide là que partout ailleurs. Mais ce dernier courant, en frappant les terres, produit beaucoup de courants particuliers. Un des plus remarquables est le *Gulf-stream*, ou *courant du Golfe*, qui est comme la conséquence du précédent, dont les eaux sont arrêtées par les côtes du continent américain, rebondissent pour ainsi dire contre ces côtes, contournent rapidement le *golfe* du Mexique, et sont renvoyées au N. E. jusqu'en Europe, où elles apportent une chaude température.

Par l'effet de l'attraction de la Lune et du Soleil, les eaux de la mer s'élèvent et s'abaissent tour à tour deux fois par jour : c'est ce qu'on appelle les *marées*.

La marée montante prend le nom de *flux*, et la marée descendante, celui de *reflux*.

Les *plaines* sont de grands espaces de terrain plat.

On nomme *déserts* de grands espaces inhabités : ordinairement ce sont des plaines arides ; quelquefois cependant ils sont couverts de hautes herbes, et s'appellent alors *savanes*. Les petits déserts qu'on voit en France se nomment *landes*.

Les déserts de l'est de l'Europe et du nord de l'Asie sont appelés *steppes*.

Les *oasis* sont de petits espaces fertiles dans les déserts arides.

Les *monts* et les *montagnes* sont de grandes hauteurs ; les *collines* et les *monticules* sont moins élevés. Une *côte* ou un *coteau* est le penchant d'une montagne ou d'une colline; quelquefois on nomme *côte* une montagne tout entière.

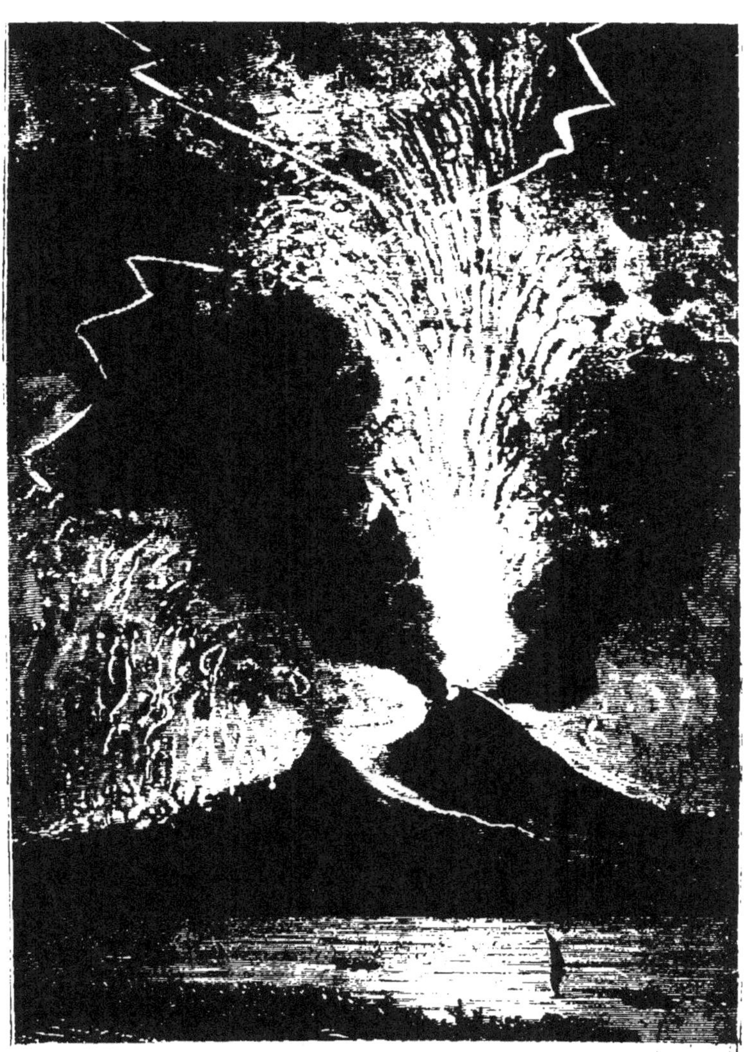

Éruption d'un volcan (le Vésuve).

Le *pied* est la partie la plus basse d'une montagne. Le *sommet* en est le point le plus élevé; quand il est pointu, il se nomme *pic* ou *aiguille*. — Une *chaîne de montagnes* est formée par plusieurs montagnes jointes les unes aux autres.

L'*altitude* d'une montagne ou de tout autre point est son élévation au-dessus du niveau de la mer.

On nomme *plateaux* de larges territoires considérablement élevés au-dessus des pays voisins ; tantôt ils sont plats, tantôt ils sont surmontés ou entourés de montagnes. On nomme encore *plateaux* de petites plaines qui forment les sommets de certaines montagnes.

Les penchants d'une montagne ou d'une chaîne de montagnes s'appellent *pentes, revers, versants* ou *flancs.*

L'*arête, crête* ou *faîte* est la suite des sommets d'une chaîne de montagnes.

Les *volcans* sont des montagnes qui présentent de grandes ouvertures nommées *cratères,* d'où sortent des flammes, de la fumée et des minéraux fondus.

Les *tremblements de terre* sont de terribles phénomènes pendant lesquels le sol s'agite violemment.

On voit, par les éruptions des volcans et par les tremblements de terre, que le globe est très-chaud intérieurement : les gaz de l'intérieur s'échappent alors.

Un *défilé* est un passage étroit entre deux sommets de montagnes, ou entre une montagne et une mer. On nomme spécialement *cols* les défilés entre deux montagnes.

Les *vallées* et les *vallons* sont des espaces allongés qui se trouvent entre deux montagnes ou entre deux chaînes de montagnes.

Les sommets des plus hautes montagnes sont généralement couverts de neiges et de glaces continuelles : les amas de glace qui s'étendent sur les pentes de beaucoup de montagnes sont appelés *glaciers.*

Les *avalanches* sont des masses de neige qui se précipitent du haut des montagnes.

Les *cavernes* ou *grottes* sont des profondeurs qui se trouvent ordinairement dans les rochers des montagnes.

Une réunion d'arbres forme un *bois ;* une *forêt* est plus considérable qu'un bois.

Un *fleuve* est un grand cours d'eau qui se jette dans la mer.

Une *rivière* est un cours d'eau qui perd son nom en se joignant à un autre ; cependant, quand un cours d'eau qui se rend directement dans la mer n'est pas considérable, il s'appelle aussi *rivière*.

Cataracte Niagara).

Un *ruisseau* est un petit cours d'eau.

Les *torrents* sont des cours d'eau très-rapides et qui, ordinairement, n'existent qu'à certaines époques de l'année, au moment des grandes pluies ou de la fonte des neiges.

La *source* d'un cours d'eau est l'endroit où il commence; son *embouchure* est l'endroit où il se jette dans la mer. Plusieurs embouchures s'appellent aussi *bouches*. Le territoire compris entre la mer et les branches d'un fleuve à plusieurs embouchures se nomme *delta*.

L'endroit où deux cours d'eau se réunissent est un *confluent*.

Les *affluents* d'un cours d'eau sont les divers cours d'eau qu'il reçoit.

Les deux rives d'un cours d'eau s'appellent *rive droite* et *rive gauche*. Pour les reconnaître, il faut se figurer que le cours d'eau est une personne qui descend vers l'endroit où il se termine; la rive droite est à la droite de cette personne, la rive gauche à sa gauche.

Le *bassin d'un fleuve* est le territoire arrosé par ce fleuve et par ses affluents. — La *ligne de partage des eaux* est la ceinture de hauteurs qui enveloppe un bassin.

Le *bassin d'une mer* est l'ensemble de tous les territoires qui versent leurs eaux dans cette mer.

La partie d'un pays qui verse ses eaux dans une mer forme le *versant de cette mer* (expression abrégée pour : *versant incliné vers cette mer*).

Un *étang* est un amas d'eau formé par un ruisseau dont on arrête le courant au moyen d'une chaussée. On donne quelquefois aussi aux lagunes le nom d'*étangs*.

Une chute d'eau se nomme *cascade* ou *cataracte*. Quand elle est très-peu élevée, c'est un *rapide*.

Un *canal* est un grand fossé où l'on introduit de l'eau, principalement pour y faire circuler les bateaux et pour établir une communication d'un cours d'eau à un autre.

GÉOGRAPHIE POLITIQUE ET RACES D'HOMMES.

Les hommes les plus civilisés forment les grandes associations qu'on appelle *peuples* ou *nations*.

Les hommes à demi civilisés ou tout à fait sauvages forment les *peuplades*, les *tribus*, les *hordes* et les *familles isolées*.

Les peuples et les nations ont des demeures fixes, c'est-à-dire des *maisons* solides, de pierre, de brique et de bois.

Les maisons sont ordinairement réunies en groupes : les plus petits groupes sont des *hameaux* : on appelle *villages* les groupes un peu plus importants ; un *bourg* est plus considérable qu'un village ; enfin les plus grandes réunions de maisons s'appellent *villes* ou *cités*.

Les hommes à demi civilisés ou sauvages ont pour habitations des *tentes*, faites ordinairement de peaux d'animaux ; ils ont aussi des *huttes*, formées de branchages et de feuillages, ou de terre grossièrement disposée ; ils habitent quelquefois des *cavernes*.

Une grande étendue de terrain forme un *pays*, une *contrée* ou une *région*.

Un *État* est un pays soumis à un même gouvernement, et où règnent généralement les mêmes mœurs, le même langage.

Quand l'État est gouverné par un roi, c'est un *royaume* ; quand il l'est par un empereur, c'est un *empire*. Lorsqu'il est gouverné par la nation elle-même, ou plutôt par des chefs qu'elle nomme, c'est une *république*.

Quelquefois plusieurs États sont unis entre eux par certains liens de fraternité : c'est alors une *confédération*.

Les grandes divisions administratives des États sont des *provinces* (comme en Belgique, en Espagne, en Italie, autrefois en France), ou des *départements* (comme aujourd'hui en France), ou des *comtés* (comme en Angleterre), ou des *gouvernements* (comme en Russie), etc.

Les subdivisions consistent en *arrondissements* (comme en France), *districts* (en Russie), *cercles* et *bailliages* (en Allemagne), *cantons* (qui viennent, en France, immédiatement au-dessous des arrondissements), etc. — Les *communes*, ou, suivant l'expression religieuse, les *paroisses*, sont les plus petites de toutes les subdivisions.

Les hommes civilisés ont des travaux très-variés, qui se classent en trois grandes divisions : les *arts*, les *sciences* et le *commerce*.

Les hommes à demi civilisés ont pour occupation, en général, le soin des troupeaux, qu'ils conduisent de pâturage en pâturage ; ces pasteurs errants portent le nom de *nomades*.

Les hommes tout à fait sauvages ne connaissent guère que deux sortes de travaux : la *chasse* et la *pêche*.

Il y a sur la Terre environ un milliard 200 millions d'hommes; on les divise en trois grandes races : la race *blanche* ou *caucasique*, la race *jaune* ou *mongolique*, et la race *nègre*.

La race blanche habite surtout l'Europe, l'ouest de l'Asie et le nord de l'Afrique. A mesure qu'on avance dans des contrées plus chaudes, on observe que le teint de cette race devient plus brun, sans doute à cause de l'ardeur du soleil; mais elle se reconnaît toujours à sa tête ovale, à sa bouche peu fendue, à ses cheveux fins et soyeux.

Les hommes de la race jaune habitent surtout l'est et le nord de l'Asie. Ils se font remarquer par leur visage large, leur tête à peu près ronde, leur couleur jaunâtre, leur bouche très-fendue, leur nez écrasé, leurs yeux très-longs, mais fort étroits et relevés du côté des tempes. Leurs cheveux sont noirs et roides.

Les nègres peuplent une grande partie de l'Afrique. Ils ont la peau noire, le front aplati, les mâchoires très-avancées, les lèvres grosses, les dents fort longues, la bouche grande, le nez large et épaté; ceux de l'Afrique ont les cheveux laineux et crépus. La plupart sont encore sauvages ou très-peu civilisés.

Il y a, en outre, un assez grand nombre de populations basanées, olivâtres et rougeâtres, qui se rapprochent plus ou moins des trois races précédentes.

Les hommes basanés qu'on nomme *Malais* habitent une grande partie de l'Océanie, surtout au nord-ouest.

Les indigènes de l'Amérique ont le teint rougeâtre.

Tous les hommes croient à l'existence d'une puissance supérieure qui gouverne le monde; mais tous n'ont pas les mêmes idées sur cette puissance, et ne lui témoignent pas leur vénération de la même manière. Les uns adorent un seul Dieu; ils se partagent en trois religions principales : le *christianisme*, qui règne chez les peuples les plus civilisés; le *judaïsme* ou la religion des juifs; le *mahométisme* ou la religion de Mahomet, appelée aussi *religion musulmane* ou *islamisme*. Les autres adorent plusieurs dieux et sont *païens*.

PARTIES DU MONDE HORS DE L'EUROPE

ASIE

DESCRIPTION PHYSIQUE.

Limites, climat, mers, golfes et détroits. — L'ASIE, qui occupe la partie orientale de l'Ancien continent, s'avance très-loin vers le nord 78° de latitude), et s'approche au sud beaucoup de l'équateur (1° de latitude N. . Il fait très-froid au nord et très-chaud au sud.

Elle tient, vers l'O., à l'Europe et à l'Afrique par trois espaces de terre : le plus grand et le plus septentrional de ces espaces est le territoire des monts Ourals; celui du milieu est l'isthme du Caucase, entre la mer Caspienne et la mer Noire; le plus méridional est l'isthme de Suez, qui unit l'Asie à l'Afrique.

Partout ailleurs l'Asie est enveloppée par la mer.

Au N., elle est baignée par l'*océan Glacial arctique*; à l'E., par le *Grand Océan*; au S., par l'*océan Indien*.

Le Grand Océan forme les mers de *Beering* et du *Japon*, la mer *Jaune*, la mer de *Corée*, la mer *Bleue* et la mer de *Chine*, qui comprend les golfes de *Tonkin* et de *Siam*.

L'océan Indien forme le golfe du *Bengale*, la mer d'*Oman*, le golfe *Persique* et la mer *Rouge* ou le golfe *Arabique*.

L'océan Glacial communique avec la mer de Beering par le détroit de *Beering*, resserré entre l'extrémité N. E. de l'Asie et l'extrémité N. O. de l'Amérique.

On passe de la mer de Chine dans le golfe du Bengale par le détroit de *Malaka*.

La mer Rouge communique avec l'océan Indien par le détroit de *Bab-el-Mandeb*.

La mer *Méditerranée*, l'*Archipel*, la mer de *Marmara*, la mer *Noire* et la mer *Caspienne* forment une assez grande partie de la limite de l'Asie à l'O.

Presqu'îles, caps et étendue. — Les côtes de l'Asie sont assez irrégulières, et l'on y voit beaucoup de presqu'îles.

A l'O., est la presqu'île de l'*Asie Mineure*, située entre la Méditerranée et la mer Noire.

Au S. O., on voit la vaste presqu'île d'*Arabie*.

Au S., sont deux grandes presqu'îles : l'*Hindoustan* ou la *presqu'île occidentale de l'Inde*, et l'*Indo-Chine* ou la *presqu'île orientale de l'Inde*, qui comprend elle-même la presqu'île de *Malaka*.

A l'E., on remarque la presqu'île de *Corée* et celle de *Kamtchatka*.

Le cap le plus boréal de l'Asie est le cap *Nord-Est;* — le plus avancé à l'E. est le cap *Oriental*, sur le détroit de Beering; — le plus méridional est le cap *Bourou*, à l'extrémité de la presqu'île de Malaka ; — le plus occidental est le cap *Baba*, dans l'Asie Mineure.

On remarque aussi le cap *Comorin*, à l'extrémité méridionale de l'Hindoustan.

L'Asie a 10 200 kilomètres de longueur, du N. E. au S. O., depuis le cap Oriental jusqu'au détroit de Bab-el-Mandeb; elle a 8000 kilomètres de largeur, depuis le cap Nord-Est jusqu'au cap Bourou.

Iles. — On remarque dans le Grand Océan la longue chaîne des îles *Kouriles*, à la suite du Kamtchatka ; l'île de *Sakhalien*, les îles du Japon, l'île *Formose* et l'île de *Haï-nan*.

Dans l'océan Indien, se trouvent les îles *Andaman* et *Nicobar;* l'île de *Ceylan*, une des plus belles du monde; les îles *Laquedives* et la longue chaîne des îles *Maldives*, environnées de récifs dangereux.

Dans la Méditerranée, on voit l'île de *Chypre*, près et au S. de l'Asie Mineure.

Dans l'Archipel, sont les îles *Sporades*, dont la principale est *Rhodes*.

Plateaux, montagnes et plaines. —Le sol de l'Asie est très-élevé vers le milieu : il y forme le *grand plateau Central*, qui renferme de vastes plaines désertes, et qui est entouré presque partout d'énormes montagnes. On remarque, parmi ces montagnes, les monts *Altaï*, au N., et les monts

Célestes, à l'O. — A quelque distance au S. du plateau, sont les monts *Himalaya*, les plus hautes montagnes de la Terre.

Il faut aussi remarquer le *plateau de la Perse*.

Entre ces deux plateaux, est le *Caucase indien*.

Dans le S. de l'Hindoustan, sont les deux chaines des *Ghattes*.

Sur la limite N. O. de l'Asie, s'étendent les monts *Ourals*.

Dans l'O., on remarque les hautes montagnes du *Liban*, du *Taurus* et du *Caucase*, et les monts *Ararat* et *Sinaï*, célèbres dans l'histoire sainte.

Dans le nord de l'Asie, on rencontre presque partout des plaines froides et tristes.

Les plaines du S., au contraire, sont très-fertiles et très-belles.

Versants et fleuves. — L'Asie est partagée en six grandes divisions naturelles; c'est-à-dire, deux plateaux : le *plateau Central* et le *plateau de la Perse;* et quatre versants : le *versant du N.* ou de l'*océan Glacial;* — le *versant de l'E.* ou du *Grand Océan;* — le *versant du S.* ou de l'*océan Indien;* — le *versant de l'O.* ou des *mers intérieures* (mers Méditerranée, Noire, Caspienne et d'Aral).

On voit couler, sur le versant de l'océan Glacial : l'*Ob* ou *Obi*, l'*Iéniséi* et la *Léna*.

Sur le versant du Grand Océan : l'*Amour* ou *Sakhalien-oula*, le *Hoang-ho*, ou fleuve *Jaune*, le *Kiang* ou *Yang-tsé-kiang*, le *Cambodge* ou *Mé-kong*, et le *Mé-nam*.

Sur le versant de l'océan Indien : l'*Ava* ou *Iraouaddy*, le *Brahmapoutre*, le *Gange*, le *Sind* ou *Indus;* enfin le *Tigre* et l'*Euphrate*, qui se réunissent et se jettent ensemble dans le golfe Persique.

Sur le versant des mers intérieures : l'*Oural*, le *Djihoun* ou *Amou-déria* (anciennement *Oxus*), et le *Sihoun* ou *Sir-déria*.

Lacs. — Les plus grands lacs de l'Asie sont la mer *Caspienne* et la mer d'*Aral*, placées sur le versant de l'O.

On remarque ensuite, sur le versant du N., le lac *Baïkal*.

Au milieu du grand plateau central, ou tout près de ce plateau, on voit le lac *Lob*, le lac *Bleu* ou *Khoukhou-noor*, et le lac *Balkhach*.

Il y a, dans l'ouest, plusieurs lacs salés : un des plus grands est le lac de *Van*; mais le plus célèbre est le lac *Asphaltite* ou la mer *Morte*, dans un bassin profond, qui ne communique avec aucune mer. Ce lac reçoit au **N.** le *Jourdain*.

CONTRÉES PRINCIPALES.

L'Asie comprend treize divisions principales.

Au **N.**, est la **Russie asiatique orientale**, composée de la *Sibérie*, du *Turkestan russe*, de la *Mongolie russe* et de la *Mandchourie russe*. Elle s'étend depuis les monts Ourals, la mer Caspienne et la mer d'Aral jusqu'au détroit de Beering et à la mer du Japon. C'est une contrée plus grande que l'Europe; cependant elle ne renferme que 7 millions d'habitants, à cause de son climat généralement très-froid, mais il y a des mines précieuses et beaucoup d'animaux à fourrures.

Les villes principales sont *Tobolsk*, *Irkoutsk*, *Tachkend* (100 000 habitants), la ville la plus peuplée de cette contrée, et *Samarkand*. Parmi les peuples qui l'habitent, on distingue les *Kirghiz* et les *Ostiaks*.

A l'**O.**, on remarque la *Transcaucasie*, la *Turquie d'Asie*, la *Perse*, l'*Afghanistan* et le *Turkestan occidental*.

La **Transcaucasie**, ou la **Russie asiatique occidentale** (3 millions d'hab.), se trouve entre la mer Caspienne et la mer Noire, au **S.** du Caucase. La *Géorgie* est un des pays principaux qu'elle contient. La ville la plus importante est *Tiflis* (60 000 hab.).

La **Turquie d'Asie** (15 millions d'hab.) s'étend entre la mer Noire, l'Archipel, la Méditerranée et le golfe Persique; elle renferme plusieurs régions très-fameuses dans l'histoire : l'*Asie Mineure*, l'*Arménie*, la *Mésopotamie*, l'*Assyrie*, la *Babylonie* et la *Syrie* (dans laquelle se trouve la *Palestine* ou *Judée*).

Les villes principales sont : *Smyrne* (120 000 hab.), *Bagdad*, *Mossoul*, *Alep*, *Damas* (200 000 hab.), la plus grande

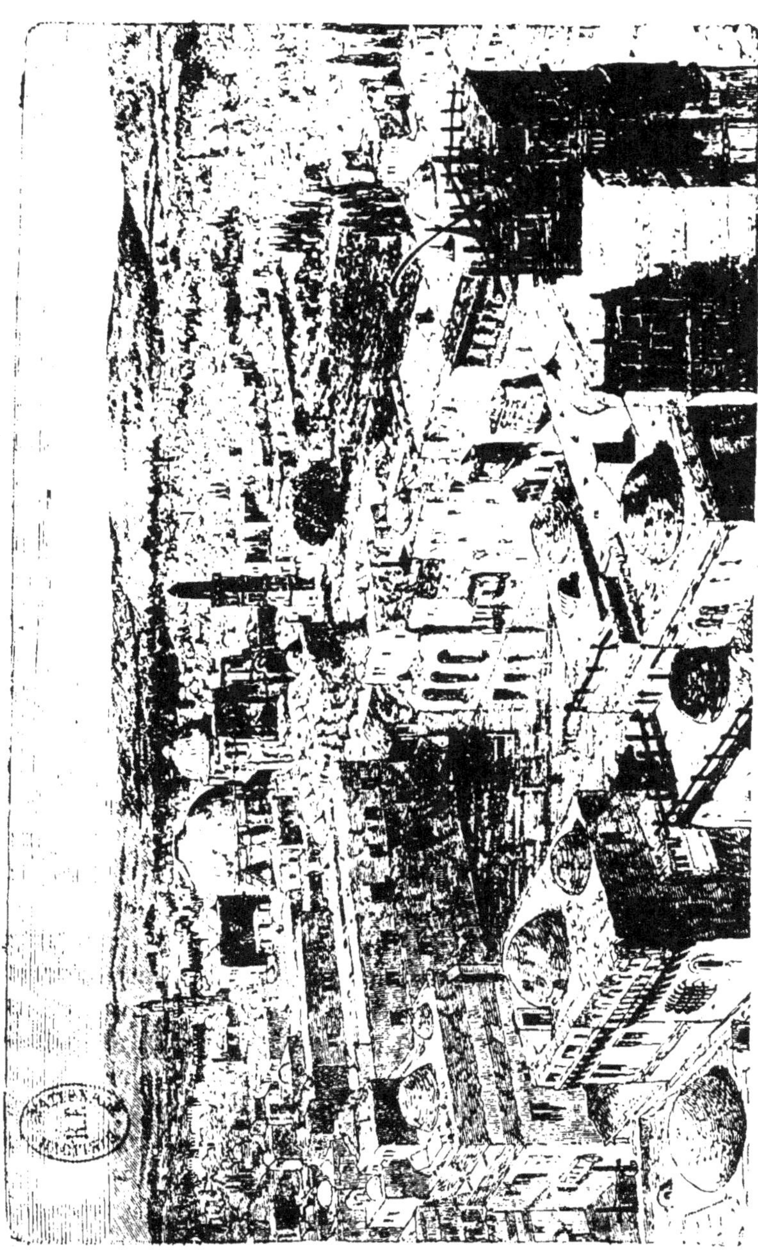

Jérusalem.

ville de la Turquie d'Asie ; *Jérusalem*. — On y distingue des villes ruinées célèbres : *Troie*, *Éphèse*, *Ninive*, *Babylone*, *Palmyre*, *Tyr*, etc.

La **Perse**, qui s'appelle plus exactement **Iran**, et qui renferme environ 6 millions d'habitants, est située entre la mer Caspienne, au N., et le golfe Persique et la mer d'Oman, au S. — TÉHÉRAN (150 000 hab.) en est la capitale ; les autres villes principales sont *Ispahan*, *Chiraz* et *Tauris*.

L'**Afghanistan**, ou royaume de **Caboul**, est presque entièrement dans la partie orientale du plateau de la Perse. — Il a pour capitale CABOUL (60 000 hab.), et pour autres villes principales *Candahar* et *Hérat*. Il contient 6 millions d'hab.

Le **Turkestan occidental**, ou **Turkestan** proprement dit, qu'on appelle aussi **Tatarie occidentale** ou **Touran**, s'étend à l'E. de la mer Caspienne et vers la mer d'Aral ; il a 4 à 5 millions d'habitants. — Les plus importants pays qui s'y trouvent sont la *Boukharie*, capitale *Boukhara*, et le *khanat de Khiva*, avec une capitale de même nom.

Le centre et l'E. du continent asiatique sont occupés par deux divisions : l'empire *Chinois* et le *Turkestan oriental*.

L'**empire Chinois**, que ses habitants appellent l'*empire Céleste* ou l'*empire du Milieu*, est très-grand, mais moins vaste cependant que l'empire Russe : c'est le pays le plus peuplé du globe ; on en évalue la population à plus de 400 millions d'habitants.

Il contient cinq contrées principales. La plus importante est la *Chine propre*, qui est baignée par le Grand Océan et qui est le cœur de l'empire, la partie où se trouve la plus nombreuse population. C'est un pays très-beau, très-industrieux, et dont la civilisation est fort ancienne. Une *grande muraille* a été élevée pour le défendre au N. ; mais, malgré ce rempart, il a été conquis plusieurs fois par les peuples septentrionaux.

La capitale de la Chine est PÉ-KING, très-grande ville, qui a environ 2 millions d'habitants. Autres villes remarquables : *Nan-king*, *Sou-tcheou*, *Chang-hai*, *Canton*. Les Anglais ont dans le S. de la Chine l'île de *Hong-kong*, et les Portugais y possèdent *Macao*.

Les autres pays de l'empire sont : la *Mandchourie*, au N. E. ; la *Corée*, à l'E. ; la *Mongolie*, au N., et le *Tibet*, au S. O.

Pé-king, vu de la muraille.

Le **Turkestan oriental**, qui a été longtemps soumis à l'empire Chinois et qui forme maintenant un État indépendant, comprend un assez grand espace dans l'O. du plateau Central de l'Asie. KHOTAN ou ILTCHI en est la capitale.

Près des côtes orientales de l'Asie, est le **Japon** (36 millions d'habitants), empire tout composé d'îles, situé à l'E. de l'empire Chinois, et remarquable aussi par son industrie et sa civilisation. Ses principales îles sont *Nippon, Kiou-siou, Sikok* et *Yéso*. — La capitale est MYAKO (1 million d'hab.), dans le sud de l'île de Nippon ; résidence de l'empereur, qui est en même temps souverain pontife et qui a le titre de *mikado*. Mais la plus grande ville est YÉDO (1 500 000 hab.).

seconde capitale, sur la côte orientale de la même île : c'était la résidence du vice-roi ou *taïroun*, qui n'a plus de pouvoir.

Nagasaki, dans l'île de Kiou-siou, a été longtemps le seul port ouvert aux étrangers, et les seuls étrangers admis étaient les Chinois et les Hollandais ; mais on a ouvert d'autres ports, tels qu'*Osaka*, *Yokohama*, et les Américains, ensuite les Français, les Anglais, etc., ont aussi acquis le droit de commercer au Japon.

Dans le sud de l'Asie, se trouvent quatre contrées : l'*Indo-Chine*, l'*Hindoustan*, le *Béloutchistan* et l'*Arabie*.

L'Indo-Chine, ou la **presqu'île orientale de l'Inde**, située entre la mer de Chine et le golfe du Bengale, est partagée entre plusieurs nations.

Les **Anglais** en ont une partie, à l'O. et au S., et leurs villes principales y sont *Pégou*, *Rangoun*, *Singapour* (dans une petite île de même nom).

On remarque ensuite l'empire **Birman**, dont la capitale est MANDALÉ.

Le royaume de **Siam**, dont la capitale est BANGKOK (500 000 hab.), la plus grande ville de l'Indo-Chine.

L'empire d'**An-nam**, capitale HUÉ, située dans la *Cochin-chine* proprement dite.

La **Basse-Cochinchine**, possession française ; capitale SAÏ-GON.

Le royaume de **Cambodge**, qui reconnaît la suzeraineté de la France ; capitale PENOMPENG.

Enfin plusieurs petits États dans la presqu'île de **Malaka**.

L'Indo-Chine renferme de 30 à 40 millions d'habitants.

L'Hindoustan, ou la **presqu'île occidentale de l'Inde**, ou simplement l'**Inde**, s'étend entre le golfe du Bengale, la mer d'Oman et les monts Himalaya : c'est une contrée très-riche et très-peuplée (environ 180 millions d'habitants, dont la civilisation remonte à une haute antiquité.

Les **Anglais** ont la plus grande partie de l'Hindoustan. La capitale de leurs possessions dans cette région est CALCUTTA (620 000 hab.), sur une branche du Gange, dans la province du *Bengale*; ils ont aussi *Dehly*, *Agra*, *Bénarès*, *Madras*, *Bombay*, *Surate*, *Lahore*, etc.

Cachemire appartient à l'un des princes de l'Inde qui reconnaissent la suzeraineté de l'Angleterre.

Les **Français** possèdent : *Pondichéry*, sur la côte de Coromandel ; *Chandernagor*, dans le Bengale ; *Mahé*, sur la côte de Malabar, et quelques autres villes.

Les **Portugais** ont surtout l'île de *Goa*.

Le **Béloutchistan** s'étend à l'O. de l'Hindoustan, le long de la mer d'Oman. La capitale est KÉLAT.

L'**Arabie**, 12 millions d'hab., située entre le golfe Persique, la mer Rouge et la mer d'Oman, est en partie composée de déserts ; cependant il y a aussi des régions fertiles : on y récolte le café le plus renommé du monde. Elle est partagée en plusieurs États, et a pour villes principales : *la Mecque*, *Médine*, *Sana*, *Moka*, *Mascate*, *Riad*, et *Aden*, qui appartient aux Anglais.

POPULATION DE L'ASIE.

La population de l'Asie est d'environ 700 millions d'habitants. Elle est de la race jaune dans la partie orientale ; elle appartient à la race blanche dans la moitié occidentale.

Parmi les peuples de la race blanche, il y en a cependant qui semblent s'en éloigner par leur couleur : tels sont les Hindous, qui ont une peau très-brune, quelquefois noire ; mais ils se rattachent aux nations blanches par leur conformation générale.

On trouve aussi, vers l'extrémité S. E. de l'Asie, quelques peuplades de la race malaise, particulièrement dans la presqu'île de Malaka.

La religion *musulmane* domine dans l'O. ; les deux religions païennes connues sous les noms de *bouddhisme* et de *brahmisme* règnent dans la partie orientale et dans le S. C'est dans l'O. qu'il y a le plus de *chrétiens*.

PRINCIPAUX PRODUITS COMMERCIAUX DE L'ASIE.

Productions naturelles. — Or, argent, cuivre, étain (de

Malaka), graphite (de Sibérie), diamants (de l'Inde), rubis, lapis-lazuli, turquoises (de Perse), améthystes, topazes, saphirs et autres pierres précieuses ; ivoire fossile (de Sibérie); pétrole, jade, kaolin.

Café (d'Arabie), riz, thé (de Chine); sucre brut, sagou, vins de Chypre ; oranges, citrons, grenades, olives, pistaches, caroubes, bananes, dattes ; olives, arachides, sésame et autres produits à l'huile ; sorgho, arrow-root ; poivre, cannelle, ignames ; opium, manne, asa-fœtida, rhubarbe, ricin, ginseng, séné, croton, aloès ; gomme arabique, cardamome, benjoin, camphre, gingembre ; soie, coton, chanvre, lin, jute ; noix de galle, indigo, carthame, safran, garance, tabac ; rotins, bambous, ébène, sandal et autres bois odorants ; baumes, encens et autres parfums ; vernis, laque, colophane, térébenthine, gomme-gutte.

Éléphants ; animaux à fourrure (hermines, martes-zibelines, renards, lynx, petits-gris, etc.) ; autruches ; moutons, chèvres, chameaux, chevaux, ânes, yaks ; chevrotain porte-musc ; cochenille, écaille de tortue ; vers à soie, perles, corail, éponges (de Syrie) ; hirondelles salanganes (de l'Indo-Chine).

Produits fabriqués. — Soieries, foulards, étoffes de coton, de laine, de lin, de chanvre, de jute ; cachemires, brocarts ; maroquins, peaux brodées ; tapis, nattes ; ivoires et bois sculptés, papier et encre de Chine ; porcelaine (de la Chine et du Japon), ouvrages de jade et autres pierres, poteries diverses ; bijouterie, joaillerie, orfévrerie, armes blanches (de la Turquie d'Asie) ; ouvrages en laque ; essence de rose, confiserie.

AFRIQUE

—

DESCRIPTION PHYSIQUE.

Limites, mers, golfes caps, et étendue de l'Afrique. — L'AFRIQUE occupe le S. O. de l'Ancien continent. C'est une grande presqu'île, d'une forme assez régulière, qui se rapproche de celle d'un triangle ou de celle d'un losange, et qui est jointe à l'Asie, vers le N. E., par l'isthme de *Suez*, resserré entre la Méditerranée et la mer Rouge.

Elle est entourée par la mer de tous les autres côtés :

Au N., la mer *Méditerranée* et le détroit de *Gibraltar* la séparent de l'Europe.

L'océan *Atlantique* la baigne à l'O.

Au S. et à l'E., se trouve l'*océan Indien*. Cet océan forme le détroit de *Bab-el Mandeb* et la mer *Rouge*, qui sont resserrés entre l'Afrique et l'Arabie ; il forme aussi le canal de *Mozambique*, qui sépare du continent la grande île de *Madagascar*.

L'Afrique, fort large au N., s'amincit beaucoup vers le S.

Les côtes africaines sont régulières et uniformes. Cependant la Méditerranée y forme un grand enfoncement, partagé en deux golfes, nommés golfe de la *Sidre* et golfe de *Cabès* (anciennement *Grande Syrte* et *Petite Syrte* ; — l'océan Atlantique forme le golfe de *Guinée*, qui comprend ceux de *Bénin* et de *Biafra*.

L'Afrique a quatre caps principaux vers les quatre points cardinaux. Ce sont : le cap *Blanc*, au N. ; le cap des *Aiguilles*, au S. ; le cap *Vert*, à l'O., et le cap *Guardafui*, à l'E.

Il faut de plus remarquer, au N., le cap *Bon*, assez près du cap Blanc ; — à l'O., un autre cap *Blanc* ; — au S., le cap de *Bonne-Espérance*.

L'Afrique a 8000 kilomètres de longueur, du N. au S., et 7500 dans sa plus grande largeur, de l'E. à l'O. Elle est environ trois fois plus grande que l'Europe.

Déserts, montagnes et climat. — L'Afrique est la plus chaude des cinq parties du monde. Elle offre un mélange de régions très-fertiles et de grands déserts sablonneux et arides : on y remarque surtout le *Sahara*, le plus vaste désert du globe.

Il y a encore dans l'intérieur de l'Afrique beaucoup de parties qui nous sont inconnues.

Une des plus hautes chaînes de montagnes est l'*Atlas*, au N. O. — Dans la partie orientale, on trouve les montagnes de *Sémen*,

Au centre, on a découvert récemment, près et au S. de l'équateur, les monts *Kénia* et *Kilima-Ndjaro*, qui paraissent être les plus hauts de cette partie du monde.

Au S. E., on remarque les monts *Lupata*;

Au S., les monts de *Neige*.

Dans la région renfermée entre les tropiques, les pluies sont périodiques, c'est-à-dire reviennent à des époques fixes : elles tombent abondamment durant plusieurs mois; ensuite il se passe un assez long temps sans qu'il tombe une goutte d'eau. Ainsi, l'année de ces contrées ne se divise qu'en deux saisons : celle des pluies et celle de la sécheresse. Il y a des espaces fort étendus (comme une grande partie du Sahara) où il ne pleut jamais.

Versants, bassins et fleuves. — Vers le N., l'Afrique envoie ses eaux dans la mer Méditerranée; — vers l'O., dans l'océan Atlantique; — vers l'E., dans l'océan Indien.

Il existe, au centre de cette partie du monde, de grands bassins au milieu desquels sont de vastes lacs.

Le plus grand des fleuves qui se jettent dans la Méditerranée est le *Nil*, formé par la jonction du *Nil Blanc* et du *Nil Bleu*. La première de ces deux branches est la plus longue, et sort de vastes lacs situés vers l'équateur. Ce fleuve doit avoir de 5000 à 6000 kilomètres de cours; c'est le plus long de l'Ancien Monde.

Les principaux fleuves tributaires de l'océan Atlantique sont : le *Sénégal*, la *Gambie*, le *Kouara* ou *Niger*, le *Zaïre* ou *Coango*, la *Coanza* et le fleuve *Orange*.

Parmi les fleuves qui coulent du côté de l'océan Indien, on remarque surtout le *Zambéze*.

Lacs. — Le lac *Tchad* ou *Tsad*, au centre, est un des plus grands lacs d'Afrique.

A l'E., se trouve le lac *Dembéa* ou *Tana*, formé par le Nil Bleu.

Sous l'équateur, sont deux très-grands lacs aussi :

L'un est l'*Oukéréré* ou lac *Victoria*, d'où sort, au N., le Nil Blanc.

L'autre, près et au N. O. de celui-là, est le lac *Albert* ou *Mvoutan*, qui se trouve dans le cours du même fleuve.

Au **S.** de l'équateur, on remarque le lac *Tanganyika*, le lac *Nyassa* et le lac *Nyami*.

CONTRÉES PRINCIPALES.

L'Afrique se divise en dix-huit contrées principales :

Au **N. E.**, il y a trois pays arrosés par le Nil et situés vers la mer Rouge : ce sont l'*Égypte*, la *Nubie* et l'*Abyssinie*.

L'**Égypte**, située vers l'isthme de Suez, est baignée par la Méditerranée, au N., et la mer Rouge, à l'E. ; elle est parcourue dans toute sa longueur par le Nil, et très-fertile sur les bords de ce fleuve, mais aride ailleurs. Son ancienne civilisation et les belles ruines qu'on y trouve l'ont rendue la plus intéressante des contrées de l'Afrique. Elle est gouvernée par un vice-roi tributaire de l'empereur de Turquie et qui prend le titre de *khédive*.

Elle a pour capitale LE CAIRE (350 000 habit.), sur le Nil. — Autres villes principales : *Alexandrie*, *Rosette* et *Damiette*, sur la Méditerranée ; *Suez*, sur la mer Rouge, point où aboutit un canal qui coupe l'isthme et unit directement les deux mers ; *Port-Saïd*, à l'autre extrémité du canal, sur la Méditerranée.

Parmi les villes ruinées, on distingue surtout *Thèbes*, au S.

La **Nubie**, située au S. de l'Égypte, dépend du même vice-roi : elle est traversée aussi par le Nil. La ville principale est *Khartoum*, au confluent des deux Nils.

Les possessions du khédive renferment environ 8 millions d'habitants.

L'**Abyssinie** ou **Éthiopie** est une région de plateaux élevés et de montagnes, qui s'étend au S. E. de la Nubie, jusqu'au détroit de Bab-el-Mandeb. On y voit la source du Nil Bleu et le lac Dembéa. Ce pays, partagé entre plusieurs États, a formé pendant un certain temps un empire, dont la capitale était GONDAR.

Au **N.**, le long de la Méditerranée, s'étend la **Barbarie** ou la **région Barbaresque,** longue contrée qui occupe presque toute la côte méridionale de la Méditerranée et qui doit son nom aux *Berbères*, un de ses principaux peuples. Elle se divise en quatre parties : 1° La régence de **Tripoli** (600 000 h.),

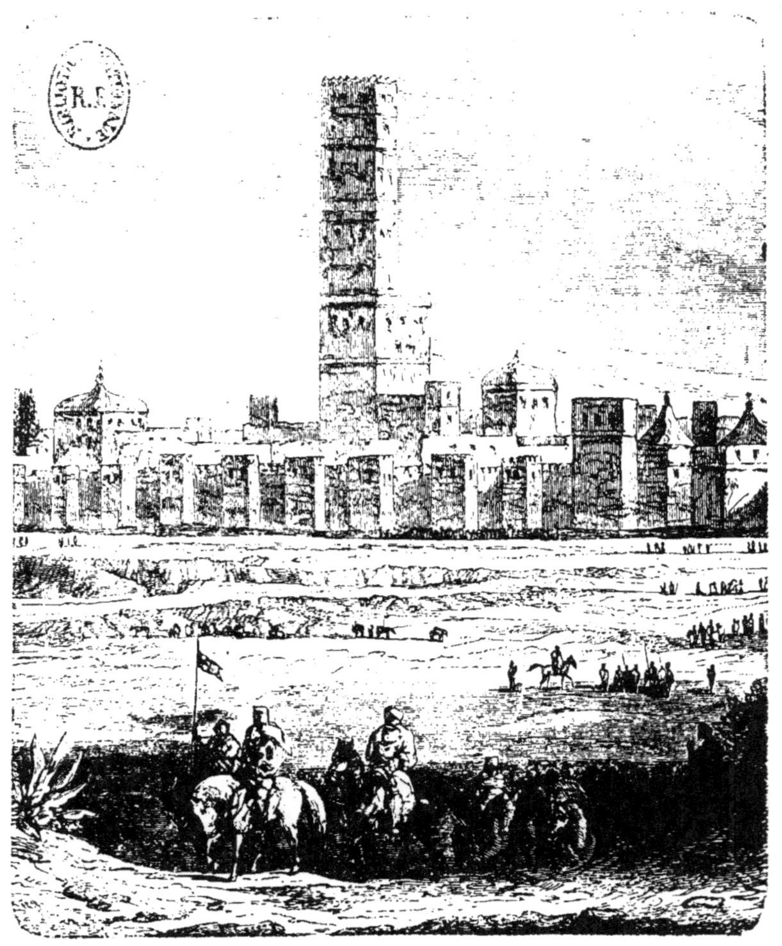

Ville de Maroc.

capitale TRIPOLI. — 2° La régence de **Tunis** ou de **Tunisie** (2 millions d'habit.), capitale TUNIS, près de l'emplacement de l'ancienne *Carthage*. — 3° L'**Algérie** (3 millions d'hab.), aux Français, capitale ALGER (65 000 habit.). Autres principales villes : *Bône, Philippeville, Bougie, Oran*, sur la côte; *Constantine*, dans l'intérieur. — 4° L'empire de **Maroc**

(5 millions d'habit.), capitales Maroc et Fez (100 000 habit.), la plus grande ville de l'empire. Autres villes : *Méquinez, Mogador, Tanger, Ceuta* à l'Espagne.

Les pays d'Afrique baignés par l'Atlantique et situés à l'O. et au S. O. sont : le *Sahara*, la *Sénégambie*, la *Guinée supérieure*, la *Guinée inférieure*, l'*Ovampie*, la *Hottentotie*.

Le Sahara ou **Grand Désert**, situé au S. de la Barbarie, est baigné à l'O. par l'Atlantique, et s'étend au loin dans l'intérieur. Il renferme un assez grand nombre d'oasis. Parmi les peuples qui l'habitent, on distingue les *Touareg*.

La Sénégambie, qui tire son nom du Sénégal et de la Gambie, est un pays très-fertile, mais trop chaud en général et malsain dans plusieurs parties. Elle est partagée entre les Français, les Anglais, les Portugais et plusieurs peuples indigènes. Une des villes principales est *Saint-Louis*, aux Français, sur le Sénégal.

La Guinée supérieure ou **septentrionale** environne au N. et au N. E. le golfe de Guinée. On y remarque : la côte de *Sierra-Leone* (aux Anglais) ; — la côte des *Graines* (où se trouve la république de *Libéria*, composée de nègres venus de l'Amérique) ; — la côte des *Dents* ou d'*Ivoire* (où il y a eu des établissements français) ; — la côte d'*Or* (où sont des établissements anglais, dont plusieurs appartenaient autrefois aux Hollandais) ; la côte des *Esclaves*, où est le royaume de *Dahomey* ; — celle de *Bénin* ; — celle de *Gabon* (avec un établissement français).

La plus grande et la plus civilisée des villes de la Guinée supérieure est *Abbeokuta*, derrière la côte des Esclaves.

La Guinée inférieure ou **méridionale** renferme le royaume de *Congo*, dont la capitale est *San-Salvador*, et la colonie d'*Angola*, aux Portugais.

L'Ovampie a pour peuple principal les *Ovampo*.

La Hottentotie est ainsi appelée de ses habitants, les *Hottentots* ou *Quaqua*.

A l'extrémité sud de l'Afrique, entre l'océan Atlantique et l'océan Indien, est la **colonie du Cap** (700 000 habit.), qui appartient aux Anglais, et qui est terminée au S. O. par le cap de Bonne-Espérance, dont elle tire son nom. La VILLE DU CAP (ou simplement LE CAP) en est la capitale.

Au S. E. et à l'E., les pays baignés par l'océan Indien sont : la *Cafrerie maritime*, le *Mozambique*, le *Zanguebar* et le *Somâl*.

La **Cafrerie maritime**, habitée par plusieurs nations cafres, renferme la colonie anglaise de *Natal*.

La **capitainerie générale de Mozambique**, qui dépend des Portugais, s'étend en face de l'île de Madagascar ; elle a pour capitale *Mozambique*.

Le **Zanguebar** est partagé entre plusieurs États nègres et arabes, presque tous sous la domination du sultan de **Zanzibar**. La capitale de ce prince est ZANZIBAR, sur une île de même nom. On remarque aussi l'île et le port de *Mombas*.

Le **Somâl** est situé à l'extrémité orientale de l'Afrique : on y remarque *Zeïla*.

Dans l'intérieur de l'Afrique, on trouve la *Nigritie septentrionale*, la *Nigritie méridionale* et la *Cafrerie intérieure*.

La **Nigritie septentrionale** ou **Nigritie** proprement dite, appelée aussi **Soudan** ou **Takrour**, s'étend entre le Sahara et la Guinée supérieure, et depuis la Nubie jusqu'à la Sénégambie ; elle est traversée par le Niger ou Kouara, à l'O., et par le Nil Blanc, à l'E. ; le lac Tchad se trouve au milieu.

C'est généralement une contrée belle et fertile.

Parmi les pays qu'elle renferme, on remarque le *Haoussa*, le *Bornou* et le *Darfour*. Les villes les plus commerçantes sont *Kano* et *Tombouctou*.

Le nom de Nigritie signifie pays des nègres : les populations nègres y sont, en effet, les plus nombreuses ; mais il s'y trouve aussi des Arabes et un peuple de couleur rougeâtre, très-puissant, nommé les *Fellata*, qui possède une grande partie de l'ouest et du milieu.

La **Nigritie méridionale** est la contrée la moins connue

de l'Afrique; le Nil y a sa source, et il s'y trouve les grands lacs Victoria, Albert, Tanganyika et Nyassa. — L'*Ounia-mouézi* et le *Londa* sont parmi les principaux pays qu'elle renferme.

La **Cafrerie intérieure** comprend un grand nombre de peuples, dont les principaux sont les *Betchouana* et les *Mako-lolo*. — L'ancien empire du *Monomotapa* était dans cette partie de l'Afrique.

Les trois contrées de l'intérieur sont celles qu'il est le plus difficile aux Européens d'aborder; aussi les voyageurs qui les ont parcourues se sont-ils acquis une grande célébrité par leurs courageuses explorations. On remarque particulièrement, dans ces derniers temps, Livingstone, Speke et Baker.

POPULATION DE L'AFRIQUE.

On croit que l'Afrique renferme plus de 100 millions d'habitants. Ceux du nord appartiennent à la race *blanche*; mais ils sont généralement de couleur bronzée; quelques-uns même ont le teint noir, tout en conservant la physionomie générale de la race caucasique. Les principaux sont : les *Maures*; — les *Berbères*, dont font partie les *Kabyles* et les *Touareg*; — les *Tibous*; — les *Coptes*, en Égypte; — les *Nubiens*; — les *Abyssins*; — les *Somali*.

Plusieurs peuples étrangers sont venus se mêler aux Africains du nord : tels sont les *Arabes* et les *Turcs*.

Les autres habitants de l'Afrique sont généralement des *nègres*, qui occupent à peu près tout ce qui se trouve au S. du Sahara, de la Nubie et de l'Abyssinie.

On remarque cependant, vers les régions moyennes, quelques peuples considérables qui sont plutôt rouges que noirs, et qui paraissent tenir le milieu entre les deux races : tels sont les *Fellata*, les *Galla*, populations guerrières et entreprenantes. Dans le S., les *Cafres*, dont la couleur est d'un gris d'ardoise, et les *Hottentots*, d'un jaune brun, diffèrent assez des nègres proprement dits.

Les peuples africains sont plongés dans un triste état de barbarie; un grossier *fétichisme*, qui consiste dans l'adoration des animaux et d'objets inanimés, est la religion du plus grand nombre des nègres. Le mahométisme est répandu dans le nord, dans une grande partie des contrées centrales et sur une certaine étendue de la côte de l'océan Indien.

Les Coptes et les Abyssins sont chrétiens.

L'anthropophagie existe chez quelques tribus de nègres et de Cafres.

Un des plus révoltants usages de l'Afrique est la vente des esclaves. Les lois des nations civilisées s'opposent à ce commerce, qui se fait encore cependant sur beaucoup de points.

ÎLES DE L'AFRIQUE.

Dans l'océan Atlantique. — Les îles *Açores* sont belles et riches en excellents fruits, surtout en oranges, mais éprouvent souvent des tremblements de terre. Elles appartiennent au Portugal.

Les îles *Madère* dépendent aussi du Portugal. La plus grande, nommée également *Madère*, est fertile en vins renommés.

Les *Canaries*, dépendantes de l'Espagne, sont la plupart très-riches et très-belles. La plus considérable est *Ténérife*, célèbre par une montagne volcanique qu'on appelle le *pic de Ténérife*. — La plus occidentale est l'île de *Fer*, qui était autrefois le terme des connaissances géographiques vers l'ouest.

L'île de *Gorée*, près du cap Vert, est aux Français.

Les îles du *Cap-Vert*, soumises au Portugal, sont malsaines et exposées à de funestes sécheresses.

L'*Ascension* et *Sainte-Hélène* dépendent de l'Angleterre; la seconde de ces deux îles est célèbre par l'exil et la mort de Napoléon Ier.

Fernan-do-Po, dans le golfe de Guinée, est à l'Espagne.

L'île du *Prince* et celle de *Saint-Thomas*, dans le même golfe, appartiennent aux Portugais.

L'île d'*Annobon* est aux Espagnols.

Les îles *Tristan da Cunha*, très-éloignées vers le S., sont à l'Angleterre.

Port-Louis.

Dans l'océan Indien. — *Madagascar* ou *Malgache* est une des plus grandes et des plus belles îles de la Terre. Les habitants s'appellent *Madécasses* ou *Malgaches*. Ils sont divisés en plusieurs nations, dont la principale est celle des *Hova*.

L'île de la *Réunion* (autrefois *Bourbon*) est une des plus importantes colonies françaises. Elle produit surtout beaucoup de café. Le chef-lieu est *Saint-Denis*.

L'île *Maurice* (autrefois *île de France*), que les Français ont possédée longtemps, appartient maintenant aux Anglais ; c'est une belle colonie, qui a pour chef-lieu *Port-Louis*, la plus grande des villes des îles africaines (70 000 habit.).

Rodrigue, à l'E. de Maurice, est aussi aux Anglais.

Les îles *Comores*, situées dans le N. du canal de *Mozambique*, appartiennent la plupart à des princes indigènes. L'une d'elles, *Mayotte*, dépend de la France.

Les îles *Séchelles* sont à l'Angleterre.

L'île de *Zanzibar*, sur la côte de *Zanguebar*, avec une ville de même nom, est la résidence d'un puissant sultan arabe.

L'île de *Mombas* ou *Mombaza*, sur la même côte, appartient au même sultan.

L'île de *Socotora*, à l'E. du cap Guardafui, est soumise à un prince arabe.

L'île de la *Désolation* ou la *Terre de Kerguelen*, placée bien loin au S. E de l'Afrique, se compose entièrement de rochers arides.

PRINCIPAUX PRODUITS COMMERCIAUX DE L'AFRIQUE.

Productions naturelles. — Or (de Guinée, de Cafrerie, etc.), fer, cuivre, plomb, zinc, antimoine ; marbres (de l'Algérie), sel ; émeraudes (d'Égypte), albâtre et porphyre (même pays), diamants (de l'Afrique australe).

Blé, maïs, millet, riz, dourah, sorgho, fèves, café, manioc, sucre brut, arrow-root, sésame, poivre et autres épices ; oranges, pamplemousses, citrons, grenades, bananes, olives, figues, dattes, jujubes, amandes, glands doux, pistaches, arachides ; cocos, huile de palme ; ignames, patates douces ;

vins de Madère, des Canaries, du Cap); aloès, séné, gomme arabique, sang-dragon, copal; coton, alfa (plante textile d'Algérie); carthame, orseille, indigo et autres plantes tinctoriales; caoutchouc; ébène, cyprès, ifs, térébinthes, thuyas et autres bois de construction et d'ébénisterie; myrrhe et autres parfums; tabac.

Bœufs, chevaux, ânes, mulets, moutons, chèvres, chameaux, singes; laine, soie, ivoire (dents d'éléphant et d'hippopotame), cornes de rhinocéros, plumes d'autruche, cire et miel, sangsues; peaux de lion, de panthère, etc., tortues, écailles de tortue, produits de baleine (cap de Bonne-Espérance), guano, ambre gris.

Produits fabriqués. — Soieries, étoffes de laine et de coton, maroquins, nattes.

AMÉRIQUE

—

DESCRIPTION PHYSIQUE.

Découverte, limites, mers, golfes et détroits. — Les parties boréales de l'Amérique furent découvertes au IXe et au Xe siècle par les Scandinaves, qui appelèrent *Groenland* et *Vinland* les contrées où ils abordèrent. Les parties équinoxiales et les plus riches furent découvertes en 1492 par Christophe Colomb, dont cette partie du monde aurait dû porter le nom; elle a pris celui d'un voyageur florentin, Améric Vespuce, qui ne la vit cependant qu'un peu après Colomb.

Elle s'allonge du N. au S., entre l'*océan Atlantique*, à l'E., et le *Grand Océan*, à l'O.

Elle se termine en pointe vers le S. — Au N., vers l'*océan Glacial*, ses bornes sont encore peu connues, à cause des froids trop rigoureux et des amas de glace.

L'Amérique se rétrécit beaucoup vers le milieu; sa partie la plus étroite est l'*isthme de Panama*, continué par celui de *Darien*.

Elle est divisée en deux grandes parties, unies entre elles par ce double isthme : l'une est l'*Amérique du Nord*, et l'autre l'*Amérique du Sud*.

Les côtes de l'Amérique du Nord sont très-irrégulières ; mais celles de l'Amérique du Sud sont presque partout uniformes, et cette dernière contrée figure presque un grand triangle allongé du N. au S.

L'océan Glacial forme la mer *Polaire de Kane* et la mer de *Baffin*.

L'océan Atlantique forme le détroit de *Davis*, qui sépare le Groenland du reste de l'Amérique ; — la mer d'*Hudson*, qui pénètre fort avant dans le continent ; — le golfe *Saint-Laurent*, sur la côte orientale de l'Amérique septentrionale ; — le golfe du *Mexique* et la mer des *Antilles*, entre les deux Amériques.

Vers l'extrémité méridionale de l'Amérique, se trouve le détroit de *Magellan*, qui sépare le continent de la Terre de Feu.

Du côté du Grand Océan, on voit le golfe de *Panama*, le golfe de *Californie* (appelé aussi mer *Vermeille*) et la mer de *Beering*.

Au N. de cette dernière mer, est le détroit de *Beering*, situé entre la pointe N. O. de l'Amérique et la pointe N. E. de l'Asie.

Presqu'îles, îles, caps et étendue. — On remarque, sur la côte orientale de l'Amérique du nord, les presqu'îles de *Labrador*, de la *Nouvelle-Écosse* ou *Acadie*, de *Floride* et d'*Yucatan*.

A l'O., on voit la presqu'île de *Californie* et celle d'*Alaska*.

Les îles les plus considérables répandues autour de l'Amérique sont le *Groenland*, l'*Islande*, *Terre-Neuve* et l'archipel du *Spitzberg*, au N. E. (mais ce dernier peut être rattaché à l'Europe) ; les *Antilles*, à l'E. ; — la *Terre de Feu*, au S. ; — l'île de *Vancouver* et les îles *Aléoutiennes*, au N. O.

Le cap le plus oriental de la partie continentale de l'Amérique du Nord est le cap *Charles*, dans le Labrador, et le plus avancé vers l'O. est le cap *Occidental*, sur le détroit de Beering.

L'Amérique du Sud s'amincit beaucoup vers le S., comme l'Afrique; elle a, comme elle, quatre caps remarquables vers les quatre points cardinaux : au N., le cap *Gallinas* ; à l'E., le cap *Blanc* du Brésil; à l'O., le cap de *Parina* ; au S., le cap *Horn*. Mais ce dernier cap n'est pas sur le continent, il appartient à l'archipel de la Terre de Feu : l'extrémité continentale de l'Amérique vers le S. est le cap *Froward*, sur le détroit de Magellan.

On remarque, près de l'extrémité orientale de l'Amérique du Sud, le cap *Saint-Roch*, et, près de l'extrémité occidentale, le cap *Blanc* du Pérou.

L'Amérique continentale a environ 15 500 kilomètres de longueur, du N. au S.; sa largeur, de l'E. à l'O., varie beaucoup : elle n'est que de 45 kilomètres à l'isthme de Panama ; elle va jusqu'à 5300 kilomètres dans les parties les plus larges de l'Amérique septentrionale et de l'Amérique méridionale. — Si l'on y comprend les îles, c'est la plus grande partie du monde.

Montagnes. — L'Amérique a de très-grandes chaînes de montagnes : la principale est celle qui parcourt le continent dans toute sa longueur. Elle porte le nom de monts *Rocheux*, au N.; ceux de *Cordillère du Mexique* et *Cordillère de l'Amérique centrale*, au milieu, et celui de *Cordillère des Andes*, au S. Ces dernières sont les plus élevées.

On remarque, en outre, dans l'Amérique du Nord, vers la côte occidentale, la *Sierra Nevada* et les montagnes des *Cascades*, où se trouvent de riches mines d'or, et, vers la côte orientale, les monts *Alleghany* ou *Apalaches*.

Aspect et climat. — Il y a dans le Nouveau continent beaucoup de grands fleuves et une infinité de lacs; on y voit aussi d'épaisses forêts et des prairies très-étendues.

Le climat est extrêmement froid au N.; il est froid aussi vers la partie la plus méridionale, mais fort chaud dans les régions du milieu, qui sont dans la zone torride : ces régions éprouvent des pluies périodiques semblables à celles de l'Afrique, et sont d'une fertilité prodigieuse.

Versants et fleuves. — L'Amérique est divisée en deux versants : l'un oriental, incliné vers l'océan Atlantique et l'océan Glacial; l'autre occidental, incliné vers le Grand Océan.

Sur le versant oriental, on remarque dans l'Amérique du Nord :

Le *Mackenzie*, le fleuve de la *Mine de cuivre* et le *Back*, qui se rendent dans l'océan Glacial.

Le *Saint-Laurent*, qui a une très-large embouchure.

L'*Hudson*, le *Potomac*, qui se jettent dans l'océan Atlantique.

Le *Mississipi*, fleuve long de 4500 kilomètres, est tributaire du golfe du Mexique; il reçoit le *Missouri*, qui a 5000 kilomètres de cours; un autre de ses affluents les plus importants est l'*Ohio*.

Le *rio Grande del Norte* se jette aussi dans le golfe du Mexique.

On ne voit sur le versant occidental de l'Amérique du Nord que deux fleuves importants :

L'un est le *Columbia* ou *Orégon*.

L'autre est le *rio Colorado*, qui se jette dans le golfe de Californie.

Il faut aussi remarquer le *Fraser*, le *Sacramento*, célèbres par les mines d'or qui se trouvent vers leurs bords; et le *Youkon*, qui coule dans une région encore peu connue et se jette dans la mer de Beering.

L'Amérique méridionale n'a de grands fleuves que sur le versant oriental; on y remarque :

La *Madeleine*;

L'*Orénoque*;

Le fleuve des *Amazones*. ou simplement l'*Amazone*, appelé aussi *Marañon*;

Le *Tocantins*;

Le *San-Francisco*.

Le *rio de la Plata*, fleuve très-large. mais peu long, qui est formé par la réunion du *Parana* et de l'*Uruguay*; le Parana se grossit lui-même du *Paraguay*.

Le principal de tous ces fleuves de l'Amérique méridionale

est l'*Amazone*, qui a environ 5000 kilomètres de cours : c'est le fleuve le plus large du globe. Mais le plus long de tous est le *Mississipi*, joint au *Missouri* : ces deux cours d'eau forment ensemble un fleuve de plus de 7000 kilomètres de longueur.

Lacs. — L'Amérique septentrionale est le pays du monde où l'on trouve le plus de lacs.

Le lac des *Montagnes*, le lac de l'*Esclave* et celui du *Grand-Ours* s'écoulent dans l'océan Glacial par le Mackenzie.

Le lac *Ouinipeg* s'écoule dans la mer d'Hudson.

Le lac *Supérieur*, le plus grand de l'Amérique, et les lacs *Huron*, *Michigan*, *Érié* et *Ontario*, s'écoulent dans l'Atlantique par le fleuve Saint-Laurent.

Le lac Érié se verse dans le lac Ontario par la rivière *Niagara*, qui forme une cataracte célèbre.

Dans la partie de l'Amérique qui est resserrée entre la mer des Antilles et le Grand Océan, on voit le lac de *Nicaragua* : il s'écoule dans la mer des Antilles par la rivière *San-Juan*, et l'on a le projet de le faire communiquer au Grand Océan par un canal.

Dans l'Amérique méridionale, sont trois grands lacs :

Le lac de *Maracaybo*, joint à la mer des Antilles par un détroit.

Le lac *dos Patos* ou des *Oies*, sur la côte S. E. de cette Amérique, et très-près de l'océan Atlantique.

Le lac *Titicaca* ou *Chucuyto*, à l'O., sur un plateau des Andes.

CONTRÉES PRINCIPALES DE L'AMÉRIQUE DU NORD.

L'Amérique du Nord comprend cinq divisions : le *Groenland*, l'*Amérique du Nord anglaise*, les *États-Unis*, le *Mexique* et l'*Amérique centrale*.

Le Groenland est un pays très-froid, dont on ne connaît pas les limites au N., ni une grande partie de l'intérieur : il est composé d'une île ou de plusieurs îles. Il y a des colonies danoises sur la côte occidentale. Les indigènes sont les *Eskimaux* ou *Huskis*, peuple de très-petite taille.

A l'E. du Groenland, on trouve l'*Islande*, qui appartient au Danemark ; on y voit aussi l'archipel inhabité du *Spitzberg*, qui est couvert de rochers et de glaces, et près duquel on fait une abondante pêche de baleines. Cet archipel peut être rattaché à l'Europe aussi bien qu'à l'Amérique, et se trouve au N. de la *Scandinavie*, dont on le considère comme une dépendance.

L'Amérique du Nord anglaise, qu'on appelle aussi **Nouvelle-Bretagne,** s'étend depuis l'océan Atlantique jusqu'au Grand Océan. Elle renferme au N. beaucoup d'îles et de presqu'îles, qui sont très-froides et très-peu connues.

A l'E., elle comprend l'important pays du *Canada*, qui a longtemps appartenu à la France, mais qui est aujourd'hui aux Anglais. Les villes principales sont : *Ottawa*, capitale ; *Québec* et *Montréal* (120 000 hab.), sur le Saint-Laurent, la plus grande ville de l'Amérique anglaise ; *Toronto*, sur le lac Ontario.

A l'E. encore, on remarque le *Nouveau-Brunswick* et la *Nouvelle-Écosse*, qui a pour capitale *Halifax*. — Ces pays, réunis au Canada et à quelques autres contrées de l'intérieur, composent la *confédération Canadienne* (en anglais *Dominion of Canada*), capitale OTTAWA.

Devant le golfe Saint-Laurent, se trouvent les îles du *Prince-Édouard* et de *Cap-Breton*, et la grande île de *Terre-Neuve*. On nomme *grand banc de Terre-Neuve* un banc de sable qui s'étend à l'E. et au S. de cette dernière, et qui est célèbre par la pêche de la morue.

Au N. E., l'Amérique anglaise renferme le *Labrador*.

Sur le Grand Océan, est la *Colombie britannique*, où se trouvent des mines d'or et qui s'est réunie à la confédération Canadienne.

En face, s'étend l'île de *Vancouver*, qui est une colonie anglaise florissante.

Un grand nombre de peuplades indigènes habitent l'Amérique du Nord anglaise : tels sont les *Eskimaux*, les *Algonquins*, les *Iroquois* (aujourd'hui presque éteints).

Les États-Unis occupent le milieu et la partie la plus tempérée de l'Amérique septentrionale, depuis l'océan Atlantique

Port de la Nouvelle-Orléans.

et le golfe du Mexique jusqu'au Grand Océan. Ils forment une république, composée de 37 États confédérés et peuplés d'environ 40 millions d'habitants.

La civilisation y est très-avancée, et il s'y trouve un grand nombre de villes florissantes.

En suivant la côte de l'océan Atlantique et ensuite celle du golfe du Mexique, on remarque surtout les États de **Maine**, de **Massachusetts**, de **New-York**, de **Pennsylvanie**, de **Maryland**, de **Virginie**, de la **Caroline du Nord**, de la **Caroline du Sud**, de **Géorgie**, de **Floride**, d'**Alabama**, de **Mississipi**, de **Louisiane** et de **Texas**.

Dans l'intérieur, on distingue les États d'**Ohio**, de **Kentucky**, de **Tennessee**, d'**Indiana**, d'**Illinois**, de **Missouri**, etc.

A l'O., l'État de **Californie**, riche en mines d'or ; celui de **Nevada**, riche en mines d'argent.

On voit aussi, à l'O., le territoire du **Nouveau-Mexique**.

On parle anglais dans une grande partie des États-Unis, car les plus anciens de ces États ont été dans l'origine des colonies anglaises.

La capitale est WASHINGTON (110 000 h.), sur le Potomac.

Les autres villes les plus remarquables sont :

A l'E., *Boston*, *New-York*, port célèbre et la plus grande ville d'Amérique (ayant avec Brooklyn 1 400 000 hab.); *Philadelphie* (675 000 hab.), *Baltimore*, *Richmond*, *Charleston*, toutes vers l'océan Atlantique.

Au S., la *Nouvelle-Orléans*, dans la Louisiane, sur le Mississipi, près du golfe du Mexique.

Au centre, *Saint-Louis*, vers le confluent du Mississipi et du Missouri ; — *Cincinnati* et *Louisville*, sur l'Ohio ; — *Chicago* (350 000 hab.), sur le lac Michigan.

A l'O., *San-Francisco*, dans la Californie.

Les États-Unis possèdent encore le **territoire d'Alaska**, qui s'avance en face de l'Asie, vers le détroit et la mer de Beering et qu'ils ont acquis des Russes en 1867. On n'en connaît à peu près que les côtes, qui sont généralement froides et tristes.

La grande chaine des iles *Aléoutiennes* se prolonge au S. O. de ce pays, jusque dans le voisinage du Kamtchatka.

Le **Mexique** (9 millions d'hab.) est un beau pays, situé au S. des États-Unis, entre le golfe du Mexique et le Grand Océan.

Il appartenait autrefois à l'Espagne ; c'est aujourd'hui une république.

On y trouve les mines d'argent les plus riches du globe. Il y a aussi d'importantes mines d'or, et beaucoup d'acajou, de bois de teinture (particulièrement de Campêche), de vanille, de cacao, de bananiers, de nopal à cochenille.

La capitale est MEXICO (200 000 hab.).

Autres villes principales : *Vera-Cruz*, sur le golfe du Mexique ; *Puebla* et *Guadalajara*, dans l'intérieur.

La presqu'île de *Californie*, à l'O., et celle d'*Yucatan*, à l'E., sont comprises dans le Mexique.

On remarque, dans l'Yucatan et dans d'autres parties du S. E. du Mexique, d'anciens monuments très-beaux et très-vastes, qui ont été construits, longtemps avant la découverte de Colomb, par un peuple inconnu.

L'**Amérique centrale** (3 millions d'hab.) est une contrée longue et étroite, très-belle aussi et renfermée entre le Grand Océan et la mer des Antilles ; elle est située très-avantageuse-ment pour les communications qu'on pourra établir d'un océan à l'autre par des canaux et des chemins de fer.

Elle se compose de cinq républiques :

Le *Guatemala*, avec une capitale de même nom.

Le *San-Salvador*, capitale SAN-SALVADOR.

Le *Honduras*, capitale COMAYAGUA.

Le *Nicaragua*, capitale MANAGUA.

Le *Costa-Rica*, capitale SAN-JOSÉ.

CONTRÉES DE L'AMÉRIQUE DU SUD.

L'Amérique du Sud comprend douze contrées :

La première qu'on trouve en entrant dans cette Amérique est la république des **États-Unis de Colombie** ci-devant Nouvelle-Grenade), ancienne colonie espagnole, qui contient au N. O. le double isthme de Panama et de Darien, et qui est baignée à la fois par le Grand Océan et la mer des Antilles.

Elle est traversée par la Cordillère des Andes; les côtes en sont très-chaudes et peu salubres, mais l'intérieur a des plateaux tempérés et sains. Il y a 3 millions d'habitants.

La capitale est BOGOTA (50 000 hab.). — Autres villes principales : *Carthagène*, au N.; — *Panama*, au N. O., sur la côte méridionale de l'isthme de même nom, à l'extrémité d'un chemin de fer qui traverse cet isthme.

A l'E. de cette république, se trouve celle de **Vénézuéla** (2 millions d'hab.), sur la mer des Antilles et sur les bords de l'Orénoque; c'est aussi une ancienne colonie espagnole. La capitale est CARACAS (55 000 hab.). — Autres villes : *Maracaybo*, *Ciudad-Bolivar*.

Il y a quatre contrées situées sur l'océan Atlantique, dans le N. E., l'E. et le S. E. de l'Amérique du Sud : la *Guyane*, le *Brésil*, l'*Uruguay* et la *confédération Argentine*.

La **Guyane** comprend : la ***Guyane anglaise***, capitale *Georgetown* ou *Demerara*; — la ***Guyane hollandaise***, capitale *Paramaribo*; — la ***Guyane française***, capitale *Cayenne*.

Il y a, en outre, une ***Guyane vénézuélienne***, dans le S. du Vénézuéla, et une ***Guyane brésilienne***, dans le N. du Brésil.

Le **Brésil** (10 millions d'hab.) est un empire très-vaste, très-beau, riche en plantes et en mines de toutes sortes, et qui occupe le centre et l'E. de l'Amérique méridionale dans les bassins de l'Amazone, du Sao-Francisco et du Parana. Il a longtemps appartenu au Portugal.

La capitale est RIO-DE-JANEIRO (400 000 hab.), sur une baie de même nom. — On y remarque aussi *Sao-Salvador* ou *Bahia*, *Pernambouc* et *Para*, ports très commerçants. La partie la plus riche en mines est la province de *Minas-Geraes*.

La république de l'**Uruguay** (390 000 hab.), placée à l'E. de la rivière Uruguay et au N. du rio de la Plata, a pour capitale MONTEVIDEO (60 000 hab.), sur le rio de la Plata.

La **confédération Argentine**, ou **confédération de la Plata** (2 millions d'hab.), qui s'étend depuis l'embouchure du rio de la Plata jusqu'aux Andes, a un climat salubre et un sol très-riche. La capitale est BUENOS-AYRES (180 000 hab.), sur le rio de la Plata. Autres villes : *Rosario, Santa-Fé, Parana.*

Dans l'intérieur se trouve la république du **Paraguay** (1 million d'hab.), très-beau pays, situé entre le Parana et le Paraguay : la capitale est l'ASSOMPTION.

A l'O., vers le Grand Océan, sont quatre républiques, qui ont été des possessions espagnoles :

L'une est la république de l'**Équateur** 1 million d'hab.), couverte par une des parties les plus élevées des Andes ; elle a pour capitale QUITO 80 000 hab. , sur une haute montagne, et pour autre ville importante *Guayaquil*, port sur un fleuve qui se jette dans l'océan Pacifique.

La seconde est le **Pérou**, traversé par les Andes et qui renferme les sources de l'Amazone. LIMA 160 000 hab.), près de l'Océan, en est la capitale ; *Cuzco*, la seconde ville.

Ensuite on remarque la **Bolivie** (2 millions d'hab.), couverte aussi par les Andes, qui y sont très-élevées.

La capitale est CHUQUISACA, LA PLATA ou SUCRE (30 000 h.).

Autres villes remarquables : *Potosi*, célèbre par ses mines d'argent, et *la Paz*, par ses mines d'or.

Le **Chili** (2 millions d'hab.), long et étroit, est resserré entre le Grand Océan et les Andes. Il a un sol très-fertile et un climat très-doux, mais il est exposé aux éruptions des volcans et aux tremblements de terre.

La capitale est SANTIAGO (100 000 hab.). Autre ville importante, *Valparaiso*, port très-commerçant.

La grande île de *Chiloé* est située au sud de cette république et en dépend.

A 650 kilomètres à l'ouest du Chili, se trouvent les îles de *Juan-Fernandez*, sur l'une desquelles fut abandonné, en 1709, le marin écossais Alexandre Selkirk, dont les aventures ont fourni le sujet de l'ouvrage de *Robinson Crusoé*.

La **Patagonie**, à l'extrémité méridionale de l'Amérique, est resserrée entre le Grand Océan et l'océan Atlantique. C'est un pays triste et froid, habité par des peuples sauvages qu'on nomme *Patagons*, et qui sont célèbres par leur taille élevée.

Au S. de la Patagonie, se trouve l'archipel de la *Terre de Feu*, séparé du continent par le détroit de Magellan.

A l'E., on rencontre les îles *Malouines* ou *Falkland*, où les Anglais ont un établissement.

Fort loin au S. des îles Malouines et de la Terre de Feu, se trouvent quelques terres couvertes de glaces et que l'on connaît peu : tels sont les archipels des *Orcades méridionales* et du *Nouveau-Shetland méridional*.

ÎLES ANTILLES.

Entre l'Amérique du Nord et l'Amérique du Sud, sont les *Antilles*, appelées aussi *Indes occidentales;* elles se trouvent devant le golfe du Mexique et la mer des Antilles.

On les partage en quatre divisions principales :

1° Au N , les îles **Lucayes** ou **Bahama**, qui appartiennent aux Anglais : ce sont les premières terres d'Amérique que vit Christophe Colomb en 1492.

2° Au milieu, les **Grandes Antilles**, c'est-à-dire *Cuba*, *Haïti*, la *Jamaïque* et *Puerto-Rico.*

Cuba (1 400 000 habit.), magnifique île, la plus grande des Antilles, et allongée de l'O. à l'E., est soumise à l'Espagne; elle a pour capitale *la Havane* (200 000 habit.).

Haïti ou **Saint-Domingue** (1 million d'habit.), autre île très-belle, forme deux divisions distinctes : à l'O., la république d'Haïti, qui est une ancienne possession française, et qui a pour capitale *Port-au-Prince;* — à l'E., la république DOMINICAINE, qui est une ancienne colonie espagnole, et dont la capitale est *Saint-Domingue.*

La **Jamaïque** appartient aux Anglais.

Puerto-Rico est aux Espagnols.

3° A l'E., se trouvent les **Petites Antilles**, qui forment une longue chaîne dirigée du N. au S. On les appelle quelquefois **îles Caraïbes**, à cause des peuples de ce nom qui les habitaient anciennement; souvent aussi on les nomme **îles du Vent**, parce qu'elles sont exposées aux vents alizés ou vents de l'E., qui soufflent constamment dans ces parages. — La

Vue générale de la Havane.

plupart de ces îles sont très-fertiles et d'un bel aspect ; on y récolte surtout du sucre, du café et du coton.

Les plus importantes sont la *Guadeloupe* et la *Martinique*, qui appartiennent à la France ; — *Antigoa*, la *Dominique*, *Sainte-Lucie*, *Saint-Vincent*, la *Barbade*, la *Grenade*, *Tabago* et la *Trinité*, qui dépendent de l'Angleterre.

4° Au S., on remarque les **îles sous le Vent**, très-voisines de l'Amérique méridionale ; les principales sont la *Marguerite*, au Vénézuéla, et *Curaçao*, aux Hollandais.

POPULATION DE L'AMÉRIQUE.

La population de l'Amérique est de 85 millions d'habitants ; c'est la partie du monde la moins peuplée en proportion de l'étendue.

Une grande partie de cette population est d'origine européenne : ce sont surtout les *Espagnols*, les *Français*, les *Anglais* et les *Portugais* qui ont conquis et peuplé le Nouveau Monde.

Il y a aussi en Amérique beaucoup de *nègres*, d'origine africaine ; quelques-uns sont encore esclaves, dans les colonies espagnoles, mais la plupart sont libres.

On nomme *mulâtres* les personnes qui sont nées de blancs et de nègres, et *quarterons* celles qui sont nées de blancs et de mulâtres. On donne le nom de *gens de couleur* aux nègres, aux mulâtres, aux quarterons et à tous ceux enfin qui ont plus ou moins de sang nègre.

Les indigènes américains sont appelés *Indiens*, parce qu'à l'époque de la découverte de l'Amérique, on les prit pour les îles de l'Inde les plus avancées vers l'E. Ces indigènes sont en général grands et bien proportionnés. Ils ont la peau d'un rouge de cuivre ou d'un jaune rougeâtre, quelquefois d'un brun olivâtre ; ils ont les cheveux noirs, lisses et durs, et peu de barbe. La plupart ne composent que de petites peuplades sauvages et plongées dans la superstition du fétichisme.

Le christianisme est répandu chez les autres populations de l'Amérique.

PRINCIPAUX PRODUITS COMMERCIAUX DE L'AMÉRIQUE.

Productions naturelles. — Or, argent, platine, fer, mercure, cuivre, plomb, cobalt, antimoine, nickel, soufre, salpêtre ; diamants, émeraudes, topazes, tourmalines, obsidienne ; pétrole, anthracite, houille.

Froment, riz, maïs, sucre brut, café, cacao, manioc ; oranges, citrons, grenades, ananas, ignames, patates douces, piment, sapotes, goyaves, bananes, maté (thé du Paraguay), arrow-root, vanille, cannelle, girofle et autres épices. De l'Amérique est sortie la pomme de terre.

Quinquina, ipécacuanha, jalap, gaïac, copahu, sang-dragon, salsepareille, baume de Tolu, et beaucoup d'autres plantes médicinales.

Coton, agave, caoutchouc, diverses plantes à nattes ; bois de Campêche, brésil ou brésillet ; orseille, fustet, indigo et autres plantes à teinture.

Bois d'acajou, de palissandre, d'ébène, d'érable, de chêne, de cèdre, de sapin, de pin, et autres bois de construction et d'ébénisterie. Cire de palmier ; tabac (plante originaire d'Amérique).

Bœufs, chevaux, porcs, moutons, lamas ; viandes séchées, produits de la pêche de la morue, du hareng, de la baleine, du narval, des phoques, des morses ; peaux de bœuf, de bison, d'ours, de castor, de martre, de rat musqué, de loutre, de loup, d'ours, de lynx, de chinchilla, etc. ; maroquins, laines de vigogne, d'alpaca et de mouton ; plumes d'autruche, cochenille de nopal, tortues et écailles de tortue, perles et nacre de perles, guano. L'Amérique a fourni primitivement le dindon et le canard musqué.

Produits fabriqués. — Farines ; étoffes de coton et de laine ; chapeaux panamas, nattes, tapis ; bougies stéariques, savons ; rhum, curaçao et autres liqueurs ; machines à coudre, machines à vapeur, machines agricoles ; papiers, métaux travaillés ; cuirs, chaussures, poteries.

OCÉANIE

—

SITUATION ET GRANDES DIVISIONS DE L'OCÉANIE.

L'OCÉANIE, appelée aussi *Monde Maritime*, est située au S. E. de l'Asie et à l'O. de l'Amérique; elle se compose du continent de l'Australie et d'un grand nombre d'îles.

Toutes ces terres sont répandues dans le Grand Océan, ou entre cet océan et l'océan Indien.

C'est la partie du monde qui embrasse le plus vaste espace; mais une étendue considérable de cet espace est occupée par la mer. En réalité, la surface des terres de l'Océanie égale à peu près celle de l'Europe; cependant la population y est bien moins considérable, car elle s'élève à peine à 35 millions d'habitants.

On partage l'Océanie en cinq divisions : la *Malaisie*, à l'O.; — la *Mélanésie*, au S. O.; — la *Micronésie*, au N.; — la *Polynésie*, à l'E.; — les *Terres antarctiques*, au S.

MALAISIE.

La MALAISIE est ainsi appelée des Malais, qui en forment la population principale; elle se nomme quelquefois aussi *archipel Asiatique* ou *archipel Indien*. L'équateur le traverse.

On y remarque cinq parties principales : les îles de la *Sonde*, l'île de *Bornéo*, l'île de *Célèbes*, les îles *Moluques* et les îles *Philippines*.

Les îles de la **Sonde** forment une longue chaîne dirigée du N. O. au S. E. — Les plus considérables sont *Sumatra*, *Java* et *Timor*. Les Hollandais ont d'importantes possessions dans ces îles, surtout à Java, qui est très-peuplée (16 millions d'hab.) et très-riche en productions variées, comme le sucre, le coton, le café, le fruit à pain, etc. — C'est dans cette dernière île que se trouve BATAVIA (250 000 habit.), chef-lieu de leurs établissements dans l'Océanie.

Bornéo, située sous l'équateur et d'une forme presque ronde, est la plus grande île de la *Malaisie*; elle est partagée entre les chefs indigènes et les Hollandais. La ville principale de l'île est *Bornéo*, résidence d'un sultan. — Il y a dans ce pays de célèbres mines de diamants.

L'île de **Célèbes** est remarquable par sa forme très-irrégulière, par sa magnifique végétation et par ses mines d'or. Les Hollandais en possèdent une grande partie.

Les **Moluques**, ou **îles aux Épices**, appartiennent aussi en grande partie aux Hollandais. Elles produisent en abondance les clous de girofle et les muscades. Les principales sont *Gilolo*, *Céram* et *Amboine*.

Les îles **Philippines**, très-bel archipel, forment la partie la plus septentrionale de la *Malaisie*. Les principales de ces îles, presque entièrement au pouvoir des Espagnols, sont *Luçon* et *Mindanao*. — MANILLE (149 000 habit.), dans l'île de Luçon, est la capitale de leur colonie des Philippines.

MÉLANÉSIE.

Le nom de MÉLANÉSIE indique que la population de cette partie de l'Océanie est composée de *noirs*.

La terre principale de la Mélanésie est l'**Australie** ou **Nouvelle-Hollande**. Elle forme un continent long de 4500 kilomètres et large de 2000; son étendue peut être comparée aux trois quarts de l'Europe.

Elle appartient à l'Angleterre.

Il y a sur la côte N. le golfe de *Carpentarie*.

Le cap *York* est le point le plus septentrional de l'Australie, et le cap *Wilson*, le point le plus méridional.

On remarque, à l'E. et au S. E., les montagnes *Bleues* et les *Alpes Australiennes*; au S., le fleuve *Murray* et les lacs *Eyre* et *Torrens*; au N., le fleuve *Victoria*.

On ne connaît presque pas l'intérieur du pays.

Les régions les plus importantes de ce continent sont :

1° La **Nouvelle-Galles méridionale**, dont la capitale est SYDNEY.

2° La province de **Victoria**, la plus favorisée par la douceur du climat, et la plus peuplée par les colons européens ; elle possède de très-riches mines d'or et des cultures florissantes. Elle a pour capitale MELBOURNE (200 000 habit.), la plus grande ville de l'Australie.

Nouvelle-Calédonie.

3° Le **Queensland**, capitale BRISBANE.

4° L'**Australie du sud**, dont la capitale est ADÉLAÏDE.

5° L'**Australie de l'ouest**, capitale PERTH.

L'Australie a un climat salubre et tempéré; les productions de l'Europe, entre autres le blé, la vigne, les chevaux, les bœufs et les moutons, y réussissent parfaitement.

La population coloniale s'y élève à 1 600 000 habitants.

Les indigènes sont de misérables populations noires, divisées en familles éparses, tout à fait sauvages.

Au S. E. de l'Australie, est la grande île de **Tasmanie** ou de **Diemen**, qui appartient aussi aux Anglais.

La **Nouvelle-Guinée**, ou **Terre des Papous**, est une belle et grande île, située au N. de l'Australie, dont elle est séparée par le détroit de *Torrès :* les Hollandais en possèdent une partie. — Elle se termine, au S. E., par la *Louisiade*, qui se compose d'une longue presqu'île accompagnée d'îles.

Près et à l'E. de la Nouvelle-Guinée, est l'archipel de la **Nouvelle-Bretagne**.

Dans la partie la plus orientale de la Mélanésie, on trouve les îles **Salomon** ; — l'archipel de **Santa-Cruz** ou de la **Pérouse**, où le grand navigateur de ce nom a péri par un naufrage ; — les **Nouvelles-Hébrides** ou l'archipel du **Saint-Esprit** ; — la **Nouvelle-Calédonie**, que la France possède ; — les îles **Viti** ou **Fidji**.

Toutes les terres de la Mélanésie sont environnées de récifs dangereux, formés de corail.

MICRONÉSIE.

Dans le nord de l'Océanie, se trouve la MICRONÉSIE, dont le nom signifie *petites îles*.

Cette division comprend six archipels :

Au N., l'archipel de **Magellan**.

Au milieu, les îles **Mariannes**, autrefois îles des *Larrons*, formant une longue chaîne, alignée du N. au S. ; elles appartiennent aux Espagnols.

Au S., les îles **Palaos** et les îles **Carolines**.

A l'E., les archipels **Marshall** et **Gilbert**.

POLYNÉSIE.

La partie orientale de l'Océanie forme la POLYNÉSIE, dont le nom veut dire *beaucoup d'îles*.

Cette division est traversée par l'équateur. Elle ne renferme qu'un seul archipel au N. de ce cercle : c'est l'archipel **Sandwich** ou **Havaï**, dont l'île principale s'appelle aussi *Havaï*. Les habitants de ces îles sont aujourd'hui chrétiens et assez avancés dans la civilisation.

Au sud de l'équateur, on remarque :

Les îles **Samoa** ou des **Navigateurs**.

Les îles **Tonga** ou des **Amis**.

Les îles **Manaïa**, de **Cook** ou d'**Hervey**.

Les îles **Tahiti** ou de la **Société**, dont la principale est *Tahiti*, soumise au protectorat de la France, ainsi qu'une autre île de l'archipel.

Les îles de **Toubouaï**, dont deux reconnaissent aussi ce protectorat.

L'archipel **Touamotou** ou des **îles Basses**, parsemé de beaucoup de récifs très-dangereux, et dont font partie les îles *Gambier* ou *Mangaréva*. Il est sous le protectorat de la France.

L'archipel de **Mendana** ou des **îles Marquises**, qui appartient à la France, et dont l'une des principales îles est *Noukahiva*.

L'île de **Pâques**, située dans la partie la plus orientale de l'Océanie.

La **Nouvelle-Zélande**, importante possession anglaise, composée de trois îles principales, dont les deux plus grandes sont séparées l'une de l'autre par le détroit de Cook. *Auckland* et *Wellington* sont les villes principales de cette colonie, qui a de riches mines d'or, et où la civilisation européenne a fait des progrès remarquables, malgré la résistance des indigènes.

L'archipel **Chatham** ou **Broughton**, aux Anglais ; l'archipel **Auckland**, à la même nation.

L'archipel **Macquarie**, autre possession anglaise.

Au S. E. de la Nouvelle-Zélande, on trouve, dans la mer, les *antipodes* de Paris, c'est-à-dire le point absolument opposé à Paris.

TERRES ANTARCTIQUES DE L'OCÉANIE.

On rattache à l'Océanie, dans l'océan Glacial du sud, quelques *régions antarctiques*, couvertes de glaces et de neiges : ce sont principalement les *Terres Adélie* et *Victoria*.

POPULATION DE L'OCÉANIE.

Les 35 millions d'habitants de l'Océanie se composent, à l'O., de *Malais ;* — au N. et à l'E., dans la Micronésie et la

Polynésie, de peuples de couleur brunâtre et bien conformés, composant la *race polynésienne;* — au S., dans la Mélanésie, de *noirs,* assez différents des nègres de l'Afrique, surtout par leur chevelure, qui n'est pas laineuse, mais plutôt en forme de brosse, et par leur nez plutôt anguleux qu'épaté. Les *Papous* ou *Papouas* en sont une des familles principales. — Il y a un assez grand nombre de *blancs* (Européens) dans la Malaisie, l'Australie, la Tasmanie, la Nouvelle-Zélande, la Nouvelle-Calédonie, les îles Tahiti et les îles Havaï.

Beaucoup de populations de l'Océanie sont tout à fait sauvages. Mais plusieurs sont intelligentes et propres à recevoir la civilisation, qui est assez avancée dans quelques îles; dans d'autres, les mœurs sont féroces, et il y a plusieurs peuplades anthropophages. Les Polynésiens se couvrent la peau d'un tatouage curieux.

La religion musulmane domine parmi les indigènes de la Malaisie; ceux des autres parties sont fétichistes ou chrétiens.

PRINCIPAUX PRODUITS COMMERCIAUX.

Or (de l'Australie, de la Nouvelle-Zélande, etc.), argent, cuivre, fer, étain, diamants (de Bornéo).

Riz, sagou, café, sucre brut, bananes, ananas, mangues, fruit à pain, cocos, choux-palmistes et autres produits des palmiers; poivre, muscade, girofle et autres épices; thé, myrte à thé; gingembre, camphre, sang-dragon, strychnos, et autres plantes médicinales. — Coton, phormium, indigo, gutta-percha. Ébène, eucalyptus, bambous, sandal, et autres bois de construction, d'ébénisterie ou odoriférants. Tabac.

Bœufs, moutons et chevaux de l'Australie; laine renommée du même pays. Tortues et écailles de tortue; produits de la pêche de la baleine et du cachalot, ivoire, nids d'hirondelle.

EUROPE

—

GÉOGRAPHIE PHYSIQUE

—

SITUATION, CÔTES, ÉTENDUE.

Limites, mers, golfes, détroits. — L'Europe, placée dans le N. O. de l'Ancien continent, est à l'O. de l'Asie et au N. de l'Afrique, et s'étend du 35° au 71° degré de latitude N. (sans la Nouvelle-Zemble et le Spitzberg).

Elle compose une grande presqu'île d'une forme très-irrégulière, allongée du N. E. au S. O., s'amincissant dans cette dernière direction, et tenant au reste du continent par deux côtés : à l'E., par le territoire sur lequel se trouvent les monts *Ourals* et le fleuve *Oural*, et qui s'étend entre la mer Caspienne et l'océan Glacial arctique; au S. E., par l'isthme du mont *Caucase*, entre la mer Caspienne et la mer Noire.

Dans toutes les autres directions, l'Europe est entourée par la mer.

Au N., elle est bornée par l'océan *Glacial arctique*; à l'O., par l'océan *Atlantique*; au S., par la *Méditerranée*.

La mer *Caspienne* est, au S. E., une assez grande partie de sa limite.

L'océan Glacial arctique forme la mer de *Kara* et la mer *Blanche*.

L'océan Atlantique forme la mer *Baltique*, le *Cattégat*, la mer du *Nord*, la *Manche*, la mer d'*Irlande* et la mer de *France*, appelée aussi golfe de *Gascogne* ou mer de *Biscaye*. — On remarque, dans la mer Baltique, les golfes de *Botnie*, de *Finlande* et de *Livonie*.

Dans la mer du Nord, est le golfe de *Zuider-zee*. — Au S. O. de la Grande-Bretagne, se trouve celui qu'on appelle *canal de Bristol*.

La mer Méditerranée comprend la mer *Tyrrhénienne*, la mer *Adriatique*, la mer *Ionienne*, l'*Archipel* (anciennement mer Égée), la mer de *Marmara*, la mer *Noire* (anciennement

Pont-Euxin) et la mer d'*Azov*. — On distingue, dans la Méditerranée, les golfes du *Lion* et de *Gênes* ; dans la mer Ionienne, les golfes de *Tarente* et de *Lépante* ; et, dans l'Archipel, le golfe de *Salonique*.

On passe de la mer Baltique dans la mer du Nord par les détroits du *Sund*, du *Grand Belt* et du *Petit Belt*, par le *Cattégat* et par le détroit du *Skager-Rack*.

On passe de la mer du Nord dans la Manche par le détroit qu'on nomme *Pas de Calais*.

La mer d'Irlande communique avec l'océan Atlantique par le canal du *Nord* et le canal *Saint-George*.

On entre de l'océan Atlantique dans la Méditerranée par le détroit de *Gibraltar*.

On passe de la mer Tyrrhénienne dans la mer Ionienne par le détroit appelé *Phare de Messine*, entre l'Italie et la Sicile.

On passe de la mer Adriatique dans la mer Ionienne par le canal d'*Otrante* ; — de l'Archipel dans la mer de Marmara, par le détroit des *Dardanelles* (anciennement *Hellespont*) ; — de la mer de Marmara dans la mer Noire, par le canal de *Constantinople* (anciennement *Bosphore de Thrace*); — et de la mer Noire dans la mer d'Azov, par le détroit d'*Iénikalé* ou de *Kertch* (anciennement *Bosphore Cimmérien*).

Presqu'îles, isthmes, îles et caps. — Les côtes de l'Europe sont très-irrégulières, et forment beaucoup de presqu'îles.

Au N., on remarque la péninsule *Scandinave* et la péninsule *Cimbrique*, qui s'avancent l'une en face de l'autre, à l'O. de la mer Baltique. La première est jointe au continent, vers le N. E., par l'isthme de *Laponie*. Le N. de la péninsule Cimbrique forme la presqu'île de *Jutland*.

A l'extrémité S. O. de l'Europe, est la péninsule *Hispanique*, qui tient à la France par l'isthme des *Pyrénées*.

Au S., on voit la péninsule d'*Italie*, qui a grossièrement la forme d'une botte, et qui se termine au S. par les presqu'îles de *Calabre* et d'*Otrante*.

On trouve encore au S. la péninsule *Turco-Hellénique*, dont l'extrémité méridionale est la presqu'île de *Morée*, appelée anciennement *Péloponnèse*, et jointe au continent par l'isthme de *Corinthe*.

Au S. E., entre la mer d'Azov et la mer Noire, est renfermée la presqu'île de *Crimée*, jointe au continent par l'isthme de *Pérékop*.

Il y a en Europe un grand nombre d'îles :

Dans l'océan Glacial, on voit la *Nouvelle-Zemble* (c'est-à-dire la *Nouvelle Terre*), pays peu connu, très-froid et inhabité. — On remarque dans le même océan les îles de *Vaïgatch* et de *Kolgouev*.

Sur la côte N. O. de la péninsule Scandinave, on rencontre les îles *Lofoden*.

Dans l'Atlantique, vers le N. O. de l'Europe, se trouve la *Grande-Bretagne*, qui est l'île la plus considérable de cette partie du monde. — Un peu à l'O., est l'Irlande.

A côté de ces deux îles, sont les groupes des *Hébrides*, des *Orcades* et de *Shetland*, et les îles de *Man*, d'*Anglesey* et de *Wight*, qui composent, avec la Grande-Bretagne et l'Irlande, l'archipel des îles *Britanniques*.

Dans la Manche, sont les îles *Anglo-normandes*, dont la plus grande est *Jersey*.

Loin dans le N. O., on voit les îles *Faeroer*, et enfin l'*Islande*, grande île très-froide, plus voisine de l'Amérique que de l'Europe.

A une grande distance au N. de la péninsule Scandinave, se rencontre l'archipel glacial et inhabité du *Spitzberg*, qu'on peut rattacher à l'Europe, quoiqu'on le place quelquefois parmi les terres américaines.

Entre le Cattégat et la mer Baltique, se trouve l'archipe Danois, dont les principales îles sont *Seeland* et *Fionie*.

Dans la mer Baltique, sont les îles suédoises d'*OEland* et de *Gottland*, et les îles russes d'*Aland*, de *Dago* et d'*OEsel*.

Dans la Méditerranée, on remarque, à l'E. de la péninsule Hispanique, les îles *Baléares*, dont les trois plus grandes sont *Majorque*, *Minorque* et *Ivice*.

Près de l'Italie, sont les grandes îles de *Sicile*, de *Sar-*

daigne et de *Corse*, les îles *Lipari*, l'île d'*Elbe* et celle de *Malte*.

Dans la partie orientale de la mer Adriatique, est l'archipel *Dalmate-Illyrien*.

Près et à l'O. de la péninsule Turco-Hellénique, on remarque les îles *Ioniennes*, dont les principales sont *Corfou* et *Céphalonie*. A l'est de la même péninsule, on trouve dans l'Archipel un très-grand nombre d'îles, dont les plus importantes sont *Négrepont* et les *Cyclades*: au S. E., est *Candie* (anciennement *Crète*), qui est la terre la plus méridionale de l'Europe.

Le cap le plus septentrional de l'Europe continentale est le *Nordkyn*, dans la Scandinavie ; mais, plus au N. encore, dans une des îles Lofoden, on voit le cap *Nord*.

A l'extrémité S. O. de la Grande-Bretagne, est le cap *Land's End* ou *Finisterre*. — A l'extrémité occidentale de la France, se trouve la pointe de *Corsen*, dans le département du *Finisterre*. — A l'extrémité N. O. de la péninsule Hispanique, on voit le cap nommé aussi *Finisterre*. — Vers l'extrémité S. O. de cette péninsule, est le cap *Saint-Vincent*. — La pointe de *Tarifa* et le promontoire de *Gibraltar* se trouvent à l'extrémité S. de la même péninsule, et sont les points les plus méridionaux de la partie continentale de l'Europe.

A l'extrémité S. de la Morée, on remarque le cap *Matapan*.

Étendue. — La longueur de l'Europe, du N. E. au S. O., depuis l'embouchure de la rivière *Kara* dans la mer de ce nom jusqu'au cap *Saint-Vincent*, est de 5400 kilomètres; du N. au S., depuis le cap *Nord* jusqu'au cap *Matapan*, on compte 4000 kilomètres. La superficie est d'environ 10 200 000 kilomètres carrés. C'est la moins étendue des parties du monde.

RELIEF DU SOL.

L'Europe, en se soulevant du sein de la mer, a éprouvé un exhaussement beaucoup plus sensible au sud qu'au nord. De grandes et hautes chaînes de montagnes, des plateaux élevés, des côtes escarpées, se montrent au midi ; tandis que les parties septentrionales s'étendent en vastes plaines, qui se prolongent sous des mers peu profondes, comme la Baltique et la mer du Nord. Les plaines se continuent dans l'est, et s'abaissent surtout vers la mer Caspienne, où elles sont de 25 à 30 mètres au-dessous de l'Océan. Avec cette région, le sol le plus déprimé de l'Europe est celui des Pays-Bas, qui, souvent au-dessous de la mer du Nord, n'est garanti contre les inondations de cette mer que par les digues que leur opposent les hommes et par les dunes qu'a élevées la nature.

Dans les chaînes de montagnes dont le sud est couvert généralement, les flancs méridionaux sont bien plus abrupts et plus courts que ceux du nord, terminés ordinairement par des pentes douces, par des rameaux qui s'allongent vers les plaines en collines progressivement insensibles.

L'Europe n'a plus de volcans actifs que dans le sud. Le *Vésuve*, sur la côte occidentale de la péninsule d'Italie ; — l'*Etna*, en Sicile ; — le *Stromboli*, dans une des îles Lipari, ont de fréquentes éruptions.

L'Archipel est le foyer de mouvements volcaniques remarquables. En général, toute la région méditerranéenne est le centre d'une action puissante de la chaleur intérieure du sol, et les tremblements de terre y sont fréquents.

Les volcans éteints sont nombreux dans plusieurs parties de l'Europe dans la France centrale, dans l'O de l'Allemagne, etc.)

De toutes les montagnes d'Europe, les **Alpes** sont les plus importantes; elles s'étendent de l'O. à l'E., dans la partie centro-méridionale de cette partie du monde, en formant un arc immense, dont la convexité est tournée vers le nord. La chaîne principale est accompagnée de nombreuses branches,

dont chacune a encore d'innombrables rameaux. Cette chaîne
mère, dans sa situation générale, enveloppe au N. l'Italie et
le bassin de la mer Adriatique. Elle commence dans le N. O.
de l'Italie au col d'Altare ou de Cadibone, où se terminent
les Apennins; se dirige d'abord au N. O., puis au N., sur la
frontière de l'Italie et de la France, jusqu'au mont Blanc;
ensuite à l'E. jusqu'au pic des Trois-Seigneurs, se trouvant
tantôt entre l'Italie et la Suisse, tantôt dans la Suisse même,
tantôt dans l'empire Austro-Hongrois; enfin elle va au S. E.
à travers le même empire et la Turquie, jusqu'au Tchar-
dagh. Son développement, du col d'Altare au Tchar-dagh,
est de 1890 kilomètres. On appelle *Alpes Occidentales* la
partie de la chaîne qui est renfermée entre le col d'Altare
et le mont Blanc; — *Alpes Centrales*, la partie qui s'étend
du mont Blanc au pic des Trois-Seigneurs; — *Alpes Orientales*, la partie comprise entre ce dernier pic et le Tchar-dagh.

Elle se divise de plus en : **Alpes Maritimes, Alpes
Cottiennes, Alpes Grées ou Graies, Alpes Pen-
nines, Alpes Lépontiennes, Alpes Rhétiques, Alpes
Carniques, Alpes Juliennes, Alpes Dinariques,
Alpes Noriques, etc.**

Le plus haut sommet des Alpes est le mont Blanc (4810 m.);
le second est le mont Rosa (4636 mètres). Les points dominants ensuite sont : le Finster-Aarhorn (4360 mètres), le
Mœnch (4200 mètres), la Jungfrau (4070 mètres), le pic des
Écrins (4103 mètres), le Cervin (4000 mètres), l'Ortles
(4000 mètres), le Grand-Pelvoux (3938 mètres), le Gross-
Glockner (3890 mètres). Tous ces monts sont couverts de
neiges éternelles.

Les **Apennins** sont comme la suite des Alpes, mais sont
moins élevés et moins majestueux. Ils commencent au col
d'Altare, courent d'abord à l'E. en traçant un demi-cercle
autour du golfe de Gênes; ils parcourent ensuite l'Italie
centrale et méridionale dans une direction générale du N. O.
au S. E., et s'étendent jusqu'à l'extrémité de la Calabre,
sur le Phare de Messine.

C'est au milieu de la péninsule que les Apennins sont le

plus hauts ; leur point culminant est le mont *Corno* ou *Gran-*

Sasso d'Italia (2992 mètres). — Le mont *Vésuve* est un volcan célèbre, qui s'élève à l'O. des Apennins, sur la côte de la mer Tyrrhénienne.

Le Vésuve.

Les montagnes de la péninsule Turco-Hellénique forment des chaînes très-ramifiées et s'étalant souvent en larges plateaux ; elles se composent surtout de deux chaînes dont la première est le **Balkan** (anciennement *Hæmus*), qui se dirige de l'O. à l'E., jusqu'à la mer Noire. Au versant S. du Balkan se rattache le *Despotodagh*, l'ancien mont *Rhodope*. — Une autre ramification aboutit au mont *Athos*, qui forme une presqu'île en s'avançant dans l'Archipel.

L'autre chaîne, dans le S. de la péninsule, porte le nom générale de **chaîne Hellénique** ; elle passe par l'isthme de Corinthe, et se termine au bout de la Morée. Les principales parties sont le *Pinde*, le *Guiona*, haut de 2435 mètres, point culminant de la Grèce ; le *Parnasse*, l'*Hélicon*. — Parmi les ramifications de la chaîne Hellénique, on distingue : à l'E., le mont *Olympe*, considéré par les anciens poëtes comme le séjour des dieux ; le mont *Ossa*, le mont *Pélion*, le mont *OEta*, qui forme, avec la mer, le fameux défilé des *Thermopyles*.

Les plus hautes montagnes de la péninsule Turco-Hellénique ont environ 3000 mètres d'altitude (au mont Olympe et dans le Balkan).

Les monts **Carpathes** ou **Krapacks** forment, dans le centre de l'Europe, un vaste arc de cercle dont la convexité est tournée au N. E.; ils appartiennent à l'empire Austro-Hongrois.

Les plus hauts sommets se trouvent au N., dans le Tatra, groupe de 2700 mètres.

Aux Carpathes se joignent les monts **Sudètes** (1458 mètres), qui se dirigent du S. E. au N. O.

Quatre chaînes de montagnes qui entourent le **plateau de la Bohème** font suite, à l'O., aux Sudètes. Ce sont :

1° Les monts des **Géants** (**Riesen-Gebirge**), qui courent du S. E. au N. O. sur la frontière, et dont le point culminant a 1650 m.

2° Les monts **Moraves**, très-peu élevés, courant du N. E. au S. O.

3° Les monts de la **Forêt de Bohème** (**Boehmer-Wald**), dirigés du S. E. au N. O. Leur plus haut sommet a 1475 m.

4° L'**Erz-Gebirge** (**montagnes des Mines**), dirigé du S. O. au N. E.: riche en mines, surtout en argent, étain, cobalt, fer, et en sources minérales : Carlsbad, Sedlitz, etc. Son plus haut sommet a 1250 m.

Le **Fichtel-Gebirge** (**montagnes des Pins**) (1090 m. d'altitude) s'élève au centre de l'Allemagne, ainsi que les monts de la **Forêt de Franconie** (**Franken-Wald**) et les monts de la **Forêt de Thuringe** (**Thüringer-Wald**).

Dans le nord est le groupe du **Harz**, qui possède d'importantes mines et se trouve à côté de vastes et très-basses plaines.

Le **Jura Franconien** (**Franken Jura**), espèce de plateau, et le **Jura de Souabe**, qu'on appelle aussi **Rauhe Alp** (**Alpes Rudes**) ou **Alpes de Souabe**, sont au sud du Fichtel Gebirge.

Les montagnes de la **Forêt-Noire** (**Schwarz-Wald**) et celles des **Vosges**, couvertes les unes et les autres de sombres forêts de sapins, courent parallèlement du S. au N. et encaissent la vallée du Rhin.

Les premières ont 1550 mètres dans la plus grande élévation, et les secondes 1429 mètres.

Le **Jura** se dirige du N. E. au S. O., et se compose de plusieurs massifs parallèles et très-réguliers. Sa plus haute sommité a 1723 mètres.

Les montagnes de l'**Argonne** et des **Ardennes**, au N. O. des Vosges, ne sont que des collines et des plateaux, remarquables par leurs escarpements et leurs forêts : elles se terminent aux plaines de la Belgique et de la Champagne.

La **Côte d'Or** (650 m.), qui doit son nom à ses riches vignobles, et les **Cévennes**, chaîne très-longue, mais médiocrement élevée (ses plus hauts sommets ont 1770 m.), parcourent l'intérieur de la France du N. au S.

Les monts d'**Auvergne**, qui se composent généralement de volcans éteints et dont le point culminant est le mont *Dore* (1888 m.), s'élèvent au centre même de la France, ainsi que la chaîne du **Velay** et du **Forez** (1634 m.) et celle du **Limousin** (950 m.).

Les **Pyrénées**, une des chaînes les plus importantes de l'Europe, courent de l'E. S. E. à l'O. N. O., entre la France et l'Espagne. C'est dans ce dernier pays que sont leurs pentes les plus escarpées et leurs sommets les plus élevés (le mont Maladetta, 3482 m.; le pic Posets, 3367 m.; le mont Perdu, 3351 m.). Des neiges éternelles les couvrent.

Elles abondent en eaux minérales, en beaux marbres et en mines.

La péninsule Hispanique est généralement fort montagneuse ; de longues chaînes (en espagnol *sierras*, en portugais *serras*), hautes et escarpées, la parcourent en tous sens.

D'abord, au N., se montrent les monts **Cantabres**, qui sont comme la continuation occidentale des Pyrénées, et qui courent de l'E. à l'O. jusqu'au cap Finisterre. Leurs points culminants ont 2678 mètres.

Les monts **Ibériques** courent du N. au S. dans le centre

de l'Espagne. Le *Moncayo* en est la partie la plus élevée (2925 m.).

La **Sierra Nevada** est la plus haute chaîne de la péninsule, dans le S. de laquelle elle se trouve; elle se dirige du N. E. au S. O., et se termine au promontoire de Gibraltar. Le pic de Mulahacen (3554 m.) en est le point culminant. Des vallées chaudes et magnifiques s'étendent au pied S. et S. E. de ces montagnes couvertes de neiges perpétuelles.

Les autres chaînes hispaniques courent toutes de l'E. à l'O. Ce sont : 1° la *Sierra de Guadarrama*, suivie de la *Sierra de Gredos* (2660 m.), et de la *Sierra da Estrella*, la plus haute chaîne du Portugal (2300 m.). — 2° Les monts de *Tolède*. — 3° La *Sierra Morena*.

Le territoire compris entre la Sierra Morena et les monts Cantabres constitue le *plateau de la Castille*, ou le *plateau central de l'Espagne*, élevé généralement de 700 mètres au-dessus de la mer et beaucoup plus froid que la latitude ne le fait d'abord supposer.

Dans la partie orientale de l'Europe, on remarque le vaste plateau très-peu élevé et très-fertile de l'intérieur de la *Russie*, surmonté seulement de petits groupes de hauteurs, dont les plus remarquables sont les monts *Valdaï* (230 m.)

Le S. E. de la Russie, dans le bassin de la Caspienne, est une plaine déprimée de plusieurs mètres au-dessous de l'Océan ; mais, sur les frontières de l'Europe, il y a des montagnes considérables. Au S. E., entre la mer Noire et la mer Caspienne, s'étend, de l'O. N. O. à l'E. S. E., le mont **Caucase**, qui a un développement de 1100 kilom., et qui surpasse en hauteur toutes les montagnes européennes. L'*Elbrouz*, son point culminant, a 5600 m.; le *Kazbek*, le second, a 5100 m.

Les monts **Ourals** (ou simplement l'**Oural**), entre la mer Caspienne et l'océan Glacial, sont beaucoup moins élevés que le Caucase, mais plus étendus; ils occupent, du N. au S., une longueur de 2000 kilom.; leur altitude atteint seulement 2000 mètres environ. Ils sont très-riches en mines d'or, de platine, de cuivre et de sel.

Les monts **Dofrines**, ou **Alpes Scandinaves**, forment

une chaîne généralement dirigée du N. E. au S. O., qui prend naissance en Russie, au N. O. de la mer Blanche, pénètre dans la péninsule Scandinave, entre le golfe de Botnie et celui de Varanger, et constitue, sur une grande étendue, du N. au S., la limite entre la Suède et la Norvége ; parvenue à peu près vers le milieu de la Scandinavie, elle tourne au S. O., parcourt la Norvége et se termine au cap Lindesnæs.

Cette branche S. O. est la partie la plus haute de toutes les Alpes Scandinaves, et presque partout elle est couverte de neiges et de glaciers ; elle atteint environ 2600 mètres.

Des cascades admirables (Rinkan-Foss et autres descendent de ces montagnes ; des *fiords* nombreux, golfes étroits et profonds, qui ressemblent à de magnifiques estuaires de fleuves, pénètrent sur leurs flancs occidentaux.

Les monts Dofrines sont riches en mines de fer, de cuivre, d'argent ; ils sont revêtus, sur de grands espaces, de forêts de sapins, de pins et de bouleaux ; mais, dans leur partie septentrionale, il n'y a plus d'arbres.

Les plus importantes montagnes de la **Grande-Bretagne** se trouvent en Écosse : ce sont les monts *Grampians*, traversant toute la longueur de l'île, du N. E. au S. O. Leurs points culminants ont 1400 mètres.

Les monts *Cheviot* s'étendent, de l'E. à l'O., sur la frontière d'Écosse et de l'Angleterre ; ils n'ont que 1000 mètres.

Dans le nord de l'Angleterre, courent du N. au S. les monts *Moorlands* ou la chaîne *Pennine*, d'où se détache, à l'O., le groupe des monts *Cumbriens*. C'est dans ces derniers qu'est le point le plus haut de l'intérieur de l'Angleterre (1000 m.)

Les monts *Cambriens* ou du *pays de Galles* couvrent, du N. au S., une grande partie de ce pays. Le *Snowdon* (1120 m.) en est le point le plus élevé.

Il n'y a pas, en **Irlande**, de grandes chaînes de montagnes. Les parties les plus montueuses du pays sont vers le S. O. ; son point le plus élevé a 1037 mètres.

Les montagnes de la **Corse** s'étendent du N. au S. et ont pour points culminants le *monte Cintro*, le *monte Rotondo* et le *monte d'Oro*, d'environ 2700 mètres.

Les montagnes de la **Sardaigne** ne forment pas une crête régulière, comme celles de la Corse, mais elles sont éparses sur une sorte de grand plateau qui compose l'île. Plusieurs sont d'origine volcanique. Le point culminant a 1860 m.

Les montagnes principales de la **Sicile**, après le volcan de l'*Etna*, qui domine la partie orientale de l'île de son énorme et haute masse (3237 m.), sont les monts *Neptuniens*, qui courent de l'E. à l'O., depuis le Phare de Messine jusqu'au cap Boco, en longeant la côte septentrionale. Ils ont 1960 m. dans leur partie la plus élevée.

L'île de **Candie** (ancienne île de *Crète*) est parcourue de l'E. à l'O. par une chaîne de montagnes, dont le point dominant est le mont *Ida*, d'une altitude de 2500 mètres.

Les montagnes de l'**Islande**, cette île boréale et froide, qui est plutôt une terre américaine qu'une dépendance physique de l'Europe, sont volcaniques. On y distingue, au S., le mont *Hekla*, et, à l'E., l'*Œrœfa-Iœkull*, le point le plus élevé environ 2000 m.).

LIGNE DE PARTAGE DES EAUX. — VERSANTS.

L'Europe est divisée en deux versants : celui du N. et du N. O., incliné vers l'océan Glacial et l'océan Atlantique, et celui du S. et du S. E., incliné vers la Méditerranée et la mer Caspienne. L'arête ou ligne de partage des eaux qui sépare ces deux versants s'étend du N. E. au S. O., des frontières de l'Asie au détroit de Gibraltar, et elle passe par les monts *Ourals*, les collines *Chemakhoeski*, le *Valdaï*, les *Carpathes*, les *Sudètes*, les monts *Moraves*, les monts de la *Forêt de Bohême*, les montagnes des *Pins* (*Fichtel-Gebirge*), le *Jura de Franconie*, le *Jura de Souabe*, la *Forêt-Noire*, les *Alpes Algaviennes*, du *Vorarlberg* et *des Grisons*, les *Alpes Rhétiques*, les *Alpes Lépontiennes*, les *Alpes Bernoises*, le *Jura*, les *Vosges méridionales*, les monts *Faucilles*, la *Côte d'Or*, les *Cévennes*, les *Corbières*, les *Pyrénées*, les monts *Cantabres*, les monts *Ibériques* et la *Sierra Nevada*.

BASSINS MARITIMES ET FLEUVES QU'ILS COMPRENNENT.

Le versant du N. et du N. O. comprend les principaux bassins suivants : 1° bassin de l'*océan Glacial* proprement dit ; 2° bassin de la *mer Blanche* ; 3° bassin de la *mer Baltique* ; 4° bassin du *Cattégat* ; 5° bassin de la *mer du Nord* ; 6° bassin de la *Manche* ; 7° bassin de la *mer d'Irlande* ; 8° bassin de la *mer de France* ou du *golfe de Gascogne* ; 9° bassin de l'*Atlantique* proprement dit.

La *Petchora* est le seul fleuve important qui se jette immédiatement dans l'océan Glacial. — La *Dwina septentrionale* et l'*Onéga* tombent dans la mer Blanche. Ces fleuves sont pris par les glaces une grande partie de l'année, et ne servent à la navigation que pendant l'été.

La mer Baltique reçoit, au N. et au N. O., par le golfe de Botnie, le *Torneå*, le *Luleå* et le *Dal-elf* ; — à l'E., par le golfe de Finlande, la *Néva*, fleuve court, mais large, qui sert d'écoulement au lac Ladoga ; — par le golfe de Riga ou de Livonie, la *Dwina méridionale*. — Au S., trois fleuves offrent à leurs embouchures des amas d'eau qui sont moitié lacs, moitié golfes, et qu'on appelle *haffs* : le *Niémen* se jette dans le Curische-Haff ; la *Vistule*, dans le Frische-Haff et aussi dans le golfe de Dantzig ; l'*Oder*, dans le Pommersche-Haff.

Les principaux tributaires de la mer du Nord sont l'*Elbe*, grossi de la *Mulde*, de la *Saale*, du *Havel* (qui reçoit la *Sprée*) ; — le *Weser* ; — le *Rhin*, grand et rapide fleuve, qui descend des Alpes, reçoit à droite le *Main*, à gauche la *Moselle*, et se divise en plusieurs branches, dont plusieurs vont dans le Zuider-zee, et une seule, le *Vieux-Rhin*, directement dans l'Océan ; — la *Meuse*, qui reçoit quelques branches du Rhin, entre autres le *Wahl*, et a trois bouches considérables à travers les îles de la Hollande ; — l'*Escaut*, peu long, mais qui a deux larges embouchures entre les îles de la Zélande. — La *Tamise*, l'*Humber* et le *Forth*, dans la Grande-Bretagne, se jettent aussi dans la mer du Nord, par de larges embouchures.

La *Seine* est le seul fleuve considérable qui se jette dans la Manche. Elle se grossit de la *Marne* et de l'*Yonne*.

Dans la mer de France, se rendent, en coulant du S. E. au N. O., la *Loire* et la *Garonne;* celle-ci prend le nom de *Gironde* après avoir reçu son principal affluent, la *Dordogne.*

La *Clyde* et la *Mersey*, qui sont peu longues, mais fort larges, se jettent dans la mer d'Irlande.

La *Saverne* (en anglais *Severn*) débouche par un estuaire dans le canal de Bristol.

L'Atlantique reçoit immédiatement le *Shannon*, fleuve d'Irlande, très-large et le plus long des îles Britanniques. — Il reçoit aussi directement le *Minho*, le *Douro*, le *Tage*, la *Guadiana*, le *Guadalquivir*, dans la péninsule Hispanique.

Le versant du S. et du S. E. comprend à son tour les principaux bassins suivants : 1° bassin de la *Méditerranée* proprement dite; — 2° bassin de la *mer Tyrrhénienne;* — 3° bassin de la *mer Ionienne;* — 4° bassin de l'*Adriatique;* — 5° bassin de l'*Archipel;* — 6° bassin de la *mer Noire* et de la *mer d'Azov* réunies; — 7° bassin de la *Caspienne.*

Un seul fleuve remarquable de la péninsule Hispanique se rend immédiatement dans la Méditerranée : c'est l'*Èbre*, qui a un petit delta.

Dans le golfe du Lion va se jeter le *Rhône*, fleuve rapide, qui descend des Alpes et coule d'abord à l'O., jusqu'à Lyon, puis au S., et a plusieurs embouchures qui forment le delta de la Camargue et qui sont obstruées par des alluvions abondantes. Il reçoit une grande et importante rivière, la *Saône.*

Sur la côte occidentale de l'Italie, débouchent l'*Arno* et le *Tibre*, peu considérables, mais qui arrosent des lieux célèbres dans l'histoire (Florence, Rome). Ils viennent des monts Apennins, coulent généralement vers l'O., et se jettent, le premier dans la Méditerranée proprement dite, le second dans la mer Tyrrhénienne.

Les principaux tributaires de l'Adriatique sont le *Pô* et l'*Adige*, qui ont leurs sources dans les Alpes. Le premier produit des alluvions considérables et a plusieurs embouchures.

La *Maritza* anciennement *Hèbre*, s'écoule dans l'Archipel.

La mer Noire reçoit, par trois embouchures, le *Danube*, qui sort de la Forêt-Noire, et qui a environ 3000 kilomètres de cours, de l'O. à l'E., à travers le cœur de l'Europe; ses plus grands affluents sont l'*Inn*, la *Drave*, la *Save*, à droite, et la *Theiss*, à gauche. — Cette mer reçoit encore le *Dniester* et le *Dniepr*.

Le *Don* se jette dans la mer d'Azov.

Le *Kouban*, se divisant en deux branches, se jette à la fois dans la mer Noire et dans la mer d'Azov.

La mer Caspienne reçoit le *Volga*, le plus grand fleuve d'Europe (3500 kilomètres), qui vient des monts Valdaï et se dirige du N. O. au S. E. ; ses plus grands affluents sont l'*Oka* (grossie de la *Moskva*) et la *Kama*. — Cette mer reçoit aussi l'*Oural* ou *Iaïk* (3000 kil.), qui descend des monts Ourals et coule du N. au S. sur les frontières de l'Europe et de l'Asie.

LACS, MARAIS ET LAGUNES.

C'est autour de la Baltique que l'Europe a le plus de lacs. Les plus grands versent leurs eaux dans le golfe de Finlande : le *Ladoga*, le plus considérable de tous (200 kilomètres de long, 130 kilomètres de large), s'y écoule par la Néva ; l'*Onéga*, le second des lacs européens (200 kilom. sur 80), et les lacs *Saïma* et *Ilmen*, sont tributaires du Ladoga ; le lac *Peïpous* s'écoule dans le golfe de Finlande par la Narova et a aussi un écoulement vers le golfe de Livonie.

Dans la péninsule Scandinave, se trouvent également de nombreux lacs, dont les principaux sont : le lac *Mœlar*, qui touche la mer Baltique et qui baigne la capitale de la Suède, Stockholm ; — le lac *Vetter*, qui s'écoule dans la même mer ; — le lac *Vener*, le plus grand de la péninsule, communiquant avec le Cattégat par la rivière Gœtha et avec le lac précédent par un large canal de navigation.

Dans le N. de l'Allemagne, le voisinage des côtes de la Baltique offre les espèces de lacs appelés *haffs* dont nous avons déjà parlé, et le lac *Müritz*, qui s'écoule dans l'Elbe.

L'Écosse (nord de la Grande-Bretagne) a beaucoup de lacs (*lochs*) : le plus remarquable est le *Loch Lomond*, qui s'écoule dans la Clyde.

L'Irlande a aussi une quantité de lacs (que, dans l'ancien langage irlandais, on appelle *loughs*). Le lac *Neagh* est le plus grand.

Le lac de *Constance*, ou *Boden-see*, est formé par le Rhin, et dans ce fleuve se rendent les eaux des lacs, un peu moins considérables, de *Zürich*, de *Lucerne* et de *Neuchâtel*.

Le lac de *Genève*, ou lac *Léman*, est produit par le Rhône, au pied des Alpes, entre la France et la Suisse.

Le Pô reçoit les eaux des lacs *Majeur*, de *Côme* et de *Garde*, situés aussi au pied des Alpes.

On remarque le lac de *Pérouse* (ancien *Trasimène*), au milieu de l'Italie. On vient de dessécher un grand lac du centre de ce pays, le lac *Fucino*, au milieu d'un plateau des Apennins Le lac de *Scutari* se trouve dans l'O. de la péninsule Turco-Hellénique. Le *Balaton*, au centre de l'Europe, dans les plaines de la Hongrie, est un lac marécageux, qui s'écoule dans le Danube.

Les plus grands marais d'Europe sont ceux de *Pinsk*, dans la Russie occidentale. Les côtes du nord de l'Allemagne et une grande partie des Pays-Bas sont pleines de marais.

L'Irlande est occupée, sur de vastes espaces, par des *bogs* ou fondrières.

Les côtes S. O. et méridionales de la France sont bordées de lagunes ou *étangs*, masses d'eau salée qui sont des restes de la mer : étangs de *Thau*, de *Valcarès*, de *Berre*, etc.

Le lac d'*Albufera*, sur la côte orientale de l'Espagne, est une espèce de lagune.

L'Italie a, sur sa côte orientale, les lagunes de *Venise* et les marais très-malsains de *Comacchio* ; sur la côte occidentale, les trop fameux marais *Pontins* et les tristes *Maremmes* de Toscane.

La péninsule Turco-Hellénique renferme, à l'E., le lac marécageux de *Rassin*, près et au S. de l'embouchure du Danube ; — un autre lac marécageux, le lac *Topolias* (anciennement *Copaïs*, se trouve près de la côte orientale de la Grèce.

CLIMAT. — PRODUCTIONS.

Climat.— L'Europe est froide vers ses extrémités boréales, quoiqu'elle le soit moins que l'Asie et l'Amérique à la même latitude. Dans le midi, le climat est chaud, mais non brûlant, comme dans quelques parties de l'Asie ou de l'Afrique. En général, la température y est douce et agréable, surtout dans les régions occidentales, qui reçoivent l'heureuse influence des vents de l'océan Atlantique et celle du courant du Golfe (*Gulf-stream*). L'Europe, enfin, a l'avantage d'être limitée au S. par une vaste mer qui adoucit beaucoup le climat.

Les vents dominants dans l'O. de l'Europe sont ceux du S. O. et de l'O., qui viennent de l'Atlantique, et sont humides, tempérés, chargés de vapeurs et pluvieux.

Les vents du N. et du N. E. sont assez fréquents aussi, surtout dans la partie orientale de notre partie du monde ; ils sont froids et généralement secs.

La pluie est plus abondante sur les côtes de l'Océan et dans les Alpes que partout ailleurs en Europe. L'Europe occidentale reçoit beaucoup plus de pluie que l'Europe orientale.

Productions. — Il y a, dans un grand nombre de pays d'Europe, de riches mines de fer, particulièrement en Scandinavie, en Angleterre, en Allemagne, en France : le cuivre se trouve surtout dans la péninsule Scandinave, en Angleterre, en Espagne et aux monts Ourals ; l'étain, dans la Grande-Bretagne ; l'or, aux monts Ourals et aux monts Carpathes ; le platine, dans les monts Ourals ; l'argent, le plomb, en Allemagne, en France, en Espagne, en Angleterre ; le mercure, en Espagne, en Illyrie ; le zinc, en Belgique, en Allemagne, en Espagne.

Le soufre est fourni par l'Italie, par les îles qui l'environnent et par l'Islande. L'ambre jaune se recueille aux bords méridionaux de la Baltique. Le charbon de terre abonde dans la Grande-Bretagne et vers les bords de l'Escaut, de la Meuse, du Rhin, etc. La tourbe est commune dans toutes les parties basses des régions moyennes de l'Europe.

Les principaux arbres fruitiers sont les pommiers, les poiriers, les pruniers, les abricotiers, les pêchers, qui peuplent presque partout les vergers, surtout dans les régions moyennes.

Les châtaigniers et les noyers sont répandus dans les mêmes régions.

Le cerisier est aussi un des arbres européens les plus communs et les plus intéressants : il s'avance fort loin vers le nord.

Les orangers, les citronniers, les cédratiers, les limoniers, les oliviers, les grenadiers, les figuiers, les amandiers, enri-chissent de leurs produits les régions méridionales.

Les bois de construction sont surtout des chênes, des ormes, des frênes, des hêtres, des peupliers, des mélèzes, des pins, des sapins. — Les pins, les bouleaux, les trembles, les sor-biers, les saules, les aunes, sont les arbres qui s'avancent le plus au N. : on les trouve, quoique chétifs, jusqu'au 68ᵉ de-gré de latitude. Les sapins s'arrêtent au 67ᵉ degré ; les chênes, les frênes, les hêtres, les tilleuls, au 62ᵉ ; les peupliers, au 60ᵉ; le fruit du châtaignier ne mûrit pas au delà du 51ᵉ. L'olivier ne dépasse pas le 44ᵉ degré ; l'oranger ne va que jusqu'à 43 degrés et demi.

Les céréales (blé, seigle) et les pommes de terre sont les principaux objets de la culture. Le riz ne se trouve que vers le midi. Le maïs abonde aussi dans le midi, mais s'avance au nord bien plus loin que le riz.

Le houblon, qui, avec l'orge, sert à fabriquer la bière, est l'objet d'une grande culture dans le nord et le centre.

La vigne abonde dans le midi et le milieu.

Les principaux légumes sont les navets, les carottes, les pois, les haricots, les fèves, les raves, les choux, qui se cul-tivent abondamment dans les régions moyennes et septentrio-nales. La betterave, qui sert surtout à la fabrication du sucre et à la nourriture du bétail, est produite principalement par les régions moyennes.

Le cotonnier et la canne à sucre se rencontrent au sud.

Le lin et le chanvre sont les principaux végétaux propres à faire des tissus.

Le safran et la garance sont les principales plantes à tein-ture.

Les principales plantes oléagineuses, après l'olivier, sont le colza, la navette, l'œillette (pavot), qui abondent dans les régions moyennes.

Le tabac se cultive dans beaucoup de pays (Turquie surtout.)

Parmi les animaux domestiques, le cheval, le bœuf, l'âne, le mouton, la chèvre, le chien, le chat, sont à peu près com-muns à toutes les contrées de l'Europe ; le renne est particu-

lier aux régions septentrionales; le chameau ne se montre
qu'au S. E.

Les principaux quadrupèdes sauvages sont le sanglier;
l'ours, surtout dans les hautes montagnes: le loup, le cerf,
le chevreuil, le daim, le renard, le lièvre, le lapin, le blaireau,
l'écureuil, qui se trouvent dans presque toute l'Europe; —
la marmotte, le chamois, communs dans les Alpes; — le
lynx, la loutre, le castor, le chat sauvage, les martres, qui
habitent plus particulièrement dans les contrées du N.: — le
buffle, le bouquetin, le porc-épic, qui se rencontrent vers
le S.; le chacal, qu'on ne voit qu'au S. E.

Parmi les gros oiseaux que possède l'Europe, on peut
nommer l'aigle, le faucon, le vautour, le cygne, la grue, la
cigogne, le héron, le pélican.

Les plus jolis sont le martin-pêcheur, le jaseur, le guêpier,
le chardonneret. Parmi ceux qui chantent le plus agréablement, il faut citer le rossignol, le pinson, le serin, qui ne se
trouve sauvage que dans le sud; parmi les migrateurs, l'hirondelle, la caille.

Parmi les reptiles, on n'a guère à redouter que la vipère.
La couleuvre est fort commune.

Les poissons d'eau douce sont principalement les brochets,
les carpes, les tanches, les perches, les truites. Les esturgeons
remontent les grands fleuves de l'E. Dans la mer on pêche
surtout des maquereaux, des sardines, des anchois, des mer-
lans, des soles, des turbots, des limandes, des raies, des
thons, des harengs : ces derniers sortent de l'océan Glacial au
printemps et se répandent par légions innombrables sur les
côtes occidentales.

Parmi les mollusques, il faut citer les huîtres, abondantes
presque partout, et, dans la Méditerranée seulement, les
jolis argonautes papyracés, les sépias, si utiles par leur couleur, et les pinnes, qui donnent une très-belle soie.

Les principaux crustacés sont les écrevisses, dans les eaux
douces, et les homards, dans les eaux marines,

La classe des arachnides offre, dans le S., le redoutable
scorpion. — Dans celle des annélides, on distingue la sang-
sue, si utile en médecine.

Les insectes les plus intéressants sont le ver à soie, particulier aux régions méridionales, et l'abeille, répandue presque partout.

Un des polypes les plus importants est l'éponge, qu'on rencontre surtout dans les parties orientales de la Méditerranée.

GÉOGRAPHIE POLITIQUE.

CONTRÉES PRINCIPALES.

Les pays de l'Europe peuvent être classés en trois régions : 1° les pays placés entièrement sur le versant du nord et du nord-ouest de l'océan Atlantique et de l'océan Glacial ; 2° les pays du milieu, situés à la fois sur les deux grands versants de l'Europe ; 3° les pays du sud, situés sur le versant méridional seulement.

Pays du versant de l'océan Atlantique et de l'océan Glacial.

Cette région comprend six divisions : les *îles Britanniques*, la *Belgique*, les *Pays-Bas*, le grand-duché de *Luxembourg*, le *Danemark* et la *monarchie Scandinave*.

Le royaume des ÎLES BRITANNIQUES, ou ROYAUME-UNI de GRANDE-BRETAGNE et d'IRLANDE, se compose principalement de la Grande-Bretagne, de l'Irlande, des groupes des Hébrides, des Orcades et de Shetland, des îles de Man, d'Anglesey et de Wight. Il est situé entre la mer du Nord, l'océan Atlantique et la Manche.

La GRANDE-BRETAGNE renferme trois pays principaux : l'*Angleterre*, le *pays de Galles* et l'*Écosse*. — La capitale de tout le Royaume-Uni, et en particulier de l'Angleterre, est LONDRES, dans le sud-est de l'île, sur la Tamise, avec le port le plus fréquenté du monde, près de la mer du Nord ; c'est la ville la plus peuplée du globe (près de 4 millions d'habit.). — Autres villes importantes : au N., *Manchester* (480 000 hab.), centre de l'industrie du coton ; *Liverpool* (500 000 h.), grand

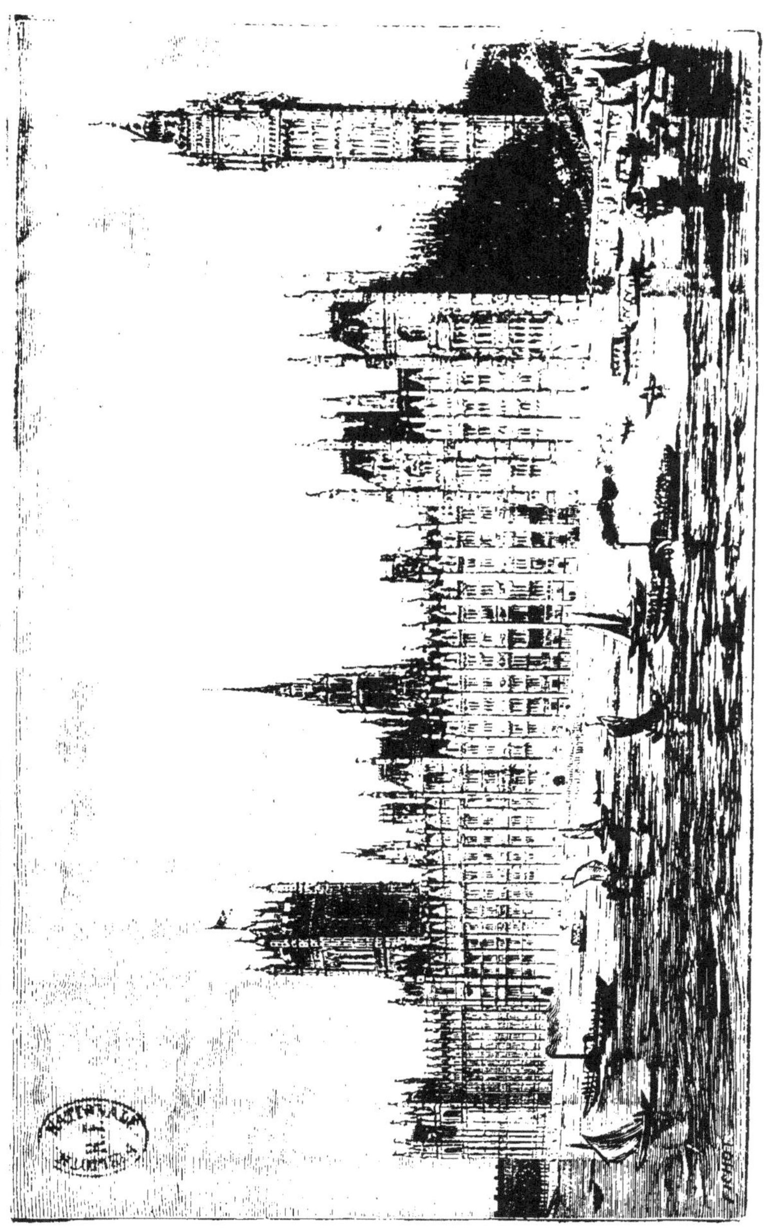

Londres. — Palais du Parlement.

port de commerce; *Leeds* et *Sheffield*, villes industrielles de
250 000 âmes; *York*, ville très-ancienne; — au milieu, *Bir-
mingham* (345 000 habit.), pleine de manufactures; — au
S., *Portsmouth*, *Plymouth* et *Bristol* (285 000 hab.), ports
fameux.

La ville la plus considérable du pays de Galles est *Mer-
thyr-Tydvil*.

L'Écosse a pour capitale *Édimbourg* (200 000 hab.), près
du Forth; mais la plus grande ville est *Glasgow* (480 000 h.),
port sur la Clyde.

La capitale de l'Irlande est *Dublin* (300 000 hab.), sur
la mer d'Irlande. Les villes principales ensuite sont *Belfast*,
au N., *Cork* et *Limerick*, au S.; toutes trois ports très-commerçants.

Du royaume britannique dépendent les îles *Anglo-normandes*, situées dans la Manche et dont les principales sont
Jersey et *Guernesey*. *Gibraltar*, l'île de *Malte* et l'île de
Helgoland sont les autres possessions britanniques en Europe.

Ce royaume renferme 32 millions d'habitants. Tout l'empire Britannique, avec les grandes possessions qu'il a hors
d'Europe (l'Inde, le Cap, Natal, Maurice, la Confédération
Canadienne, Terre-Neuve, les Antilles anglaises, la Guyane
anglaise, l'Australie, la Tasmanie, la Nouvelle-Zélande, etc.),
comprend plus de 200 millions d'âmes.

La Belgique est un petit royaume situé sur la côte méridionale de la mer du Nord, et sur le cours de l'Escaut et
de la Meuse. — Ce pays, peuplé de 5 millions d'habitants,
a pour capitale Bruxelles (300 000 habit.), au centre du
royaume, et pour autres villes principales : *Anvers*, port sur
l'Escaut, *Gand*, *Bruges*, *Liége*.

Les Pays-Bas, qu'on appelle aussi *Néderlande*, *Néerlande*
ou *Hollande*, sont sur la mer du Nord et le Zuider-zee, et
autour des bouches du Rhin, de la Meuse et de l'Escaut. Ils
ont pour capitale Amsterdam (265 000 habit.), un des premiers ports de l'Europe, sur le Zuider-zee; mais *la Haye*
(90 000 h.) est la résidence du roi. — *Rotterdam* (100 000 h.)
est une autre grande ville et un port commerçant sur la

Meuse. Ce royaume ne renferme en Europe que 3 800 000 habitants ; mais il a d'importantes colonies dans la Malaisie, la Guyane et les Antilles, qui comptent 23 millions d'âmes.

Le grand-duché de LUXEMBOURG est un petit État de 200 000 habitants, qui appartient au roi des Pays-Bas, sans faire partie du royaume néderlandais : il est dans le bassin de la Moselle, entre la Belgique, la France et la Prusse, et a pour capitale LUXEMBOURG.

Le royaume de DANEMARK 1 800 000 habit. est formé : 1° des îles Danoises, situées entre le Cattégat et la Baltique, et dont les principales sont *Seeland* et *Fionie*; 2° de la partie nord de la péninsule Cimbrique, c'est-à-dire du *Jutland*. — La capitale est COPENHAGUE (180 000 habit.), port très-bien situé, dans l'île de Seeland, sur le Sund. — Du Danemark dépendent les îles *Faraer*, l'*Islande*, grande île très-froide, rattachée à l'Amérique par sa situation et couverte de montagnes volcaniques, le *Groenland* et quelques *Antilles*.

La MONARCHIE SCANDINAVE se compose de la péninsule Scandinave, et comprend deux grands pays : 1° La **Suède** (4 200 000 h.), dont la capitale est STOCKHOLM (135 000 h.), résidence du roi de toute la monarchie, et premier port du royaume, sur le détroit qui unit le lac Maelar à la mer Baltique. Autre ville, *Gothembourg*, port très-commerçant. — 2° La **Norvége** (1 800 000 habit.), capitale CHRISTIANIA (65 000 habit.), port sur le golfe de même nom, formé par le Cattégat. Seconde ville, *Bergen*. — Dans le nord de la Suède et de la Norvége, habitent les *Lapons*, qui se trouvent aussi en Russie.

Pays situés à la fois sur les deux grands versants de l'Europe.

Cette région renferme la *Russie*, l'empire *Austro-Hongrois*, l'*Allemagne*, la *Suisse*, la *France* et la *péninsule Hispanique*.

La RUSSIE s'étend dans l'E. de l'Europe, depuis l'océan Glacial jusqu'à la mer Noire, et depuis la mer Baltique jus-

Moscou.

qu'à la mer Caspienne; elle est plus grande que tout le reste
de l'Europe. Ce n'est cependant qu'une partie du vaste empire Russe, qui se prolonge aussi en Asie. — La capitale est
SAINT-PÉTERSBOURG (670 000 habit.), à l'embouchure de la
Néva dans le golfe de Finlande; fondée au commencement du
XVIIIᵉ siècle par Pierre le Grand, qui en choisit l'emplacement
pour communiquer facilement par la mer avec les nations de
l'Occident et en faire pénétrer la civilisation dans son empire.
— Les autres villes les plus remarquables sont *Moscou*
(600 000 hab.), ancienne capitale, au centre du pays. — *Riga*,
port très-important, vers l'embouchure de la Dvina méridionale. — *Astrakhan*, vers l'embouchure du Volga. — *Odessa*,
le premier port de la mer Noire. — *Sébastopol*, port de la
Crimée. — *Arkhangel*, port vers l'embouchure de la Dvina
septentrionale dans la mer Blanche.

La Russie possède, au N. O., le grand-duché de *Finlande*,
dont la capitale est *Helsingfors*, et, à l'O., l'ancien royaume
de *Pologne* (aujourd'hui tout à fait réuni à l'administration
russe), capitale *Varsovie* (250 000 habit.), sur la Vistule. —
Il y a en Russie des peuples d'origines très-diverses : les deux
familles les plus considérables sont les *Slaves* (comprenant
une grande partie des Russes et les Polonais), et les *Finnois*
(comprenant une autre partie des Russes, les Finnois proprement dits, etc.). Les autres peuples principaux sont les
Lettons ou *Lithuaniens*, les *Roumains*, les *Allemands*, les
Lapons, les *Cosaques*.

La Russie compte en Europe 72 millions d'habitants. Elle
a en Asie d'immenses possessions, qui en renferment 10 millions, et qui sont réparties en *Russie asiatique orientale* (Sibérie, Turkestan russe, etc.) et *Russie asiatique occidentale*
ou *Transcaucasie*.

L'EMPIRE AUSTRO-HONGROIS (c'est-à-dire d'Autriche et de
Hongrie) est traversé par le Danube, baigné au S. par la mer
Adriatique, et s'étend depuis la Vistule jusqu'au lac de Constance et au Rhin. Les Alpes le couvrent au S. O., et les
monts Carpathes, au N. et à l'E. C'est un assemblage de pays
très-différents entre eux par le langage et les mœurs, et qui
sont classés en deux parties principales : 1° la division *Cis-*

leithane (en deçà de la rivière Leitha, affluent du Danube), où domine l'influence allemande, et qui comprend *l'archiduché d'Autriche*, le *Salzbourg*, la *Bohême*, la *Moravie*, le duché de *Silésie*, le *Tyrol*, la *Styrie*, la *Carinthie*, la *Carniole*, le *Littoral Illyrien*, à l'O.; la *Dalmatie*, au S., et la *Galicie*, au N.; — 2° la division *Transleithane*, à l'E., où domine l'influence hongroise, et qui renferme la *Hongrie*, la *Croatie*, l'*Esclavonie*, la *Transylvanie*.

La capitale de l'empire est VIENNE 835 000 habit., sur le Danube, dans l'archiduché d'Autriche, pays tout à fait allemand. — Autres villes importantes : *Prague*, dans la Bohême. — *Trieste*, port fameux du Littoral Illyrien. — *Pest* 200 000 hab. et *Bude*, situées sur le Danube, en face l'une de l'autre, et qui se partagent le titre de capitale de la Hongrie. — *Lemberg* et *Cracovie*, dans la Gallicie.

Il y a dans cet empire 36 millions d'habitants, composés d'une grande variété de peuples parlant des langues diverses : à l'O., sont des *Allemands*; au N. et au N. E., des *Slaves* Bohêmes, Polonais, etc. ; au centre, des *Hongrois* ou *Magyars*; à l'E., des *Roumains*; et au S., encore des *Slaves* Serbes, Croates, etc. .

L'EMPIRE d'ALLEMAGNE, situé au centre de l'Europe, entre la mer Baltique, la mer du Nord, les Vosges, une partie du cours supérieur du Rhin, le lac de Constance et les branches les plus septentrionales des Alpes, est composé de vingt-six États, dont le principal est le royaume de **Prusse**. — Ce royaume s'étend considérablement de l'E. à l'O., vers la Baltique et la mer du Nord, et aux bords de la Vistule, de l'Oder, de l'Elbe, du Weser et du Rhin. Il s'avance, au N., jusqu'au milieu de la péninsule Cimbrique; à l'E., jusqu'au delà du Niémen; à l'O., au delà du Rhin; au S., jusqu'au Main. Il se compose des provinces de *Prusse propre*, de *Posen*, de *Poméranie*, de *Brandebourg*, de *Silésie*, de *Saxe*, de *Westphalie*, du *Rhin*, de *Hesse-Nassau*, de *Hanovre* et de *Slesvig-Holstein*. La population est de 25 millions d'habitants.

La capitale de la Prusse est BERLIN 825 000 habit., capitale en même temps de tout l'empire d'Allemagne, sur la Sprée, dans le bassin de l'Elbe. Les villes principales ensuite sont : *Kœnigsberg*, *Dantzig*, *Stettin*, ports de la Baltique ; — *Potsdam*, *Breslau*, *Magdebourg*, *Cologne*, *Coblentz*, *Aix-la-Chapelle*, *Francfort-sur-le-Main*, *Cassel*, *Hanovre ;* — *Altona*, port sur l'Elbe. — La plus grande partie de la population de la Prusse est *allemande ;* cependant il y a, à l'E., un assez grand nombre de *Polonais* et de *Lettons*.

Les autres principaux États de l'Allemagne sont :

Le royaume de **Bavière** 4 900 000 habit. , l'État le plus méridional de l'empire, dans les bassins du Danube et du Rhin ; capitale *Munich* 170 000 habit. . Autres villes : *Nuremberg* et *Augsbourg*. — Le royaume de **Saxe** 2 600 000 h. , capitale *Dresde* 180 000 h. , sur l'Elbe. Autre ville, *Leipzig*. — Le royaume de **Würtemberg** 1 800 000 hab. , capitale *Stuttgart*. — Le grand-duché de **Bade** 1 500 000 hab. , capitale *Carlsruhe*. — Le grand-duché de **Hesse**, capitale *Darmstadt*. Autre ville, *Mayence*. — Le gouvernement d'**Alsace-Lorraine**, enlevé à la France par le traité de 1871, capitale *Strasbourg*. Autres grandes villes, *Metz* et *Mulhouse*. — Les quatre duchés de **Saxe :** — les deux grands-duchés de **Mecklenbourg :** — le grand-duché d'**Oldenbourg ;** — le duché de **Brunswick**. — La ville libre de **Hambourg** 240 000 habit. , grand port de commerce, sur l'Elbe, et celles de **Brême** et de **Lübeck**, ports aussi très-commerçants, l'un sur le Weser, l'autre vers la mer Baltique.

L'empire d'Allemagne a 41 millions d'habitants.

La SUISSE, située aussi au centre de l'Europe, se trouve entre les lacs de Constance et de Genève, dans les bassins du Rhin et du Rhône ; les Alpes la couvrent au S. C'est une république, composée de 22 cantons confédérés, et renfermant 2 700 000 habitants. La capitale de cette confédération est BERNE 36 000 habit. , sur l'Aar, affluent du Rhin. Les autres villes importantes sont *Genève* 47 000 habit. , *Bâle*, *Zürich*.

La FRANCE s'étend dans l'O. de l'Europe, entre l'océan Atlantique, la Méditerranée, les Vosges, les Alpes et les Pyrénées. Elle sera décrite séparément (voyez page 94).

La PÉNINSULE HISPANIQUE, située au S. O. de la France,

entre l'océan Atlantique et la Méditerranée, comprend deux États : l'*Espagne* et le *Portugal.*

L'ESPAGNE (16 600 000 hab.) occupe la plus grande partie de la péninsule. Les pays principaux qu'elle renferme sont : la *Galice*, les *Asturies*, le *royaume de Léon*, la *Vieille-Castille*, la *Nouvelle-Castille*, les *provinces Basques*, la *Navarre*, l'*Aragon*, la *Catalogne*, le *royaume de Valence*, le *royaume de Murcie*, l'*Andalousie*, l'*Estrémadure*. — MADRID (300 000 habit.), au centre du pays, en est la capitale. Les autres villes les plus considérables sont : *Barcelone* (200 000 hab.), un des ports principaux de la Méditerranée. — *Saragosse*, *Valence*, *Grenade*, *Séville*. — *Carthagène*, *Malaga*, deux ports sur la Méditerranée. — *Cadix*, un des ports les plus importants de l'Atlantique. — *Gibraltar*, place très-forte et port fameux, vers l'extrémité S. de l'Espagne, appartient à l'Angleterre. — L'Espagne a environ 6 millions d'habitants dans ses possessions hors de l'Europe, qui se composent des Canaries et de quelques autres points de l'Afrique, de Cuba, de Puerto-Rico, des Philippines.

Le PORTUGAL (4 500 000 habit.) occupe la partie occidentale de la péninsule. La capitale est LISBONNE (225 000 hab.), port très-commerçant, vers l'embouchure du Tage. Autre ville principale, *O Porto*, port à l'embouchure du Douro. — Les possessions portugaises hors de l'Europe sont les Açores, les îles Madère, l'Angola, le Mozambique et quelques autres points de l'Afrique; Goa et quelques autres établissements dans le S. de l'Asie; une partie de Timor dans l'Océanie. Il y a environ 4 millions d'habitants dans ces possessions.

La petite république d'ANDORRE, dans les Pyrénées, est sous la protection de la France et de l'Espagne. Elle a une capitale de même nom.

Pays du versant méridional.

Cette région comprend trois divisions : l'*Italie*, la *Turquie* avec les *Principautés roumaines et slaves*, la *Grèce*.

L'ITALIE (27 millions d'habit.), qui s'étend entre les Alpes,

Rome.

la mer Adriatique, la mer Tyrrhénienne et la mer Ionienne, est composée, en très-grande partie, du *royaume d'Italie*, où se trouvent le *Piémont*, la *Lombardie*, la *Vénétie*, l'*Émilie* comprenant les anciens duchés de *Parme* et de *Modène*, et la *Romagne* , la *Toscane*, l'*Ombrie*, les *Marches*, le territoire *Romain* ci-devant les États de l'Église, enlevés au Pape en 1870 , le territoire *Napolitain*, la *Sicile* et l'île de *Sardaigne*. .

ROME (245 000 habit.), sur le Tibre, est la capitale du royaume d'Italie, et c'est en même temps la résidence du Pape. — *Florence* (167 000 habit.), sur l'Arno, dans la Toscane, a été la capitale dans ces dernières années.

Autres villes importantes : *Livourne*, port célèbre ; *Pise* et *Lucques*, qui sont toutes trois aussi en Toscane. — *Turin* (200 000 habit.), capitale du Piémont et ancienne capitale du royaume d'Italie, sur le Pô. — *Alexandrie*. — *Gênes*, sur le golfe de même nom. — *Milan* 200 000 habit. , capitale de la Lombardie. — *Pavie*. — *Venise*, capitale de la Vénétie et port célèbre sur l'Adriatique ; — *Padoue*, *Vérone*, *Mantoue*. — *Parme*, *Modène*, *Bologne*, *Ferrare*, *Ravenne* ; — *Pérouse*. — *Ancône* et *Brindisi*, ports sur l'Adriatique. — *Naples*, capitale de l'ancien royaume de même nom et la ville la plus peuplée de l'Italie 450 000 habit.), sur la côte occidentale de laquelle elle se trouve. — *Palerme* (220 000 habit.), capitale de la Sicile, sur la côte N. de cette île. — *Messine* et *Catane*, sur la côte orientale de la même île. — *Cagliari*, capitale de la Sardaigne, sur la côte S. de laquelle elle est située.

L'Italie renferme aussi la petite république de **Saint-Marin**. — L'île de **Malte**, qui appartient à l'Angleterre, et qui a pour capitale la place très-forte de *la Valette*, est une dépendance physique de l'Italie.

La TURQUIE D'EUROPE, entre la mer Noire, l'Archipel, la mer Adriatique et les monts Carpathes, n'est qu'une partie de l'*empire Ottoman*, dont le reste se trouve en Asie et en Afrique. Le Danube l'arrose au N., le Balkan la couvre au milieu.

Elle se divise en deux parties. L'une est la **Turquie**

proprement dite, où l'on remarque la *Roumélie*, la *Bulgarie*, la *Bosnie*, l'*Albanie* et la *Thessalie*. — L'autre partie comprend les **Principautés roumaines et slaves**, qui reconnaissent la suzeraineté de la Turquie. Ce sont : 1° la ROUMANIE, ou les principautés unies de VALACHIE et de MOLDAVIE (4 500 000 habit.) ; — 2° la SERBIE (1 million d'hab. ; — 3° le MONTÉNÉGRO, très-petit État.

La capitale de la Turquie est CONSTANTINOPLE (1 million d'habit.), dans une situation admirable et avec un magnifique port, sur le détroit qui joint la mer de Marmara et la mer Noire. — Les autres villes principales de la Turquie proprement dite sont *Andrinople*, *Salonique*, port de l'archipel, dans la Romélie ; — *Sophia*, dans la Bulgarie.

Dans les Principautés roumaines et slaves, on remarque : *Boukharest* (150 000 habit.), capitale de la Valachie et de toute la Roumanie. — *Iassy*, et *Galatz*, port très-commerçant sur le Danube, dans la Moldavie. — *Belgrade*, capitale de la Serbie, sur le Danube. — *Cettigne*, capitale du Monténégro.

L'île de *Candie* anciennement *Crète* dépend de la Turquie d'Europe.

La Turquie d'Europe et les Principautés ont ensemble environ 16 millions d'habitants. La Turquie d'Asie en a 15 millions. Les possessions purement nominales de l'empire Ottoman en Afrique sont l'Égypte, le Tripoli et la Tunisie.

La GRÈCE ou le ROYAUME HELLÉNIQUE comprend, au S., la presqu'île de Morée ; à l'E., les Cyclades et l'île de Négrepont ; à l'O., les îles Ioniennes, et se trouve entre l'Archipel et la mer Ionienne. La capitale est ATHÈNES (50 000 habitants). — Les *îles Ioniennes* ont formé longtemps une petite république sous la protection de la Grande-Bretagne. Elles ont pour ville principale *Corfou*, dans l'île de même nom.

Le royaume de Grèce a 1 500 000 habitants.

POPULATION DE L'EUROPE. — COMPARAISON DES PRINCI-
PAUX ÉTATS ET DES PRINCIPALES VILLES. — FAMILLES
DE PEUPLES, RELIGIONS, GOUVERNEMENTS.

L'Europe contient 300 millions d'habitants.

La Russie d'Europe est la contrée qui renferme la plus
grande population : on y compte 72 millions d'habitants. Tout
l'empire Russe en a 82 millions.

Viennent ensuite l'empire d'Allemagne, qui a 41 millions
d'habitants; la France, peuplée de 36 millions et demi; puis
l'Autriche-Hongrie, qui a 36 millions.

Les îles Britanniques n'ont en Europe que 32 millions
d'habitants; mais il y en a 200 millions dans tout l'empire
Britannique, car cet empire comprend de grands territoires
en Asie, en Afrique, en Amérique et dans l'Océanie.

Le royaume d'Italie a 27 millions d'âmes.

Les parties où il y a le plus d'habitants sur une même
étendue de terrain, sont la Belgique, les îles Britanniques,
l'Italie, les Pays-Bas, l'Allemagne et la France.

Londres est la plus peuplée et la plus grande des capitales
de l'Europe. On y compte près de 4 millions d'habitants.

Paris occupe le second rang par sa population, qui est d'à
peu près 2 millions d'âmes.

Constantinople, Vienne, Berlin et Saint-Pétersbourg sont
ensuite les capitales qui ont la plus grande population.

Les peuples de l'Europe appartiennent surtout à trois
grandes familles, en considérant les *langues* qu'ils parlent :
1° au S. et au S. O., la famille *latino-grecque*, comprenant
particulièrement les Français, les Belges, les Italiens, les Espagnols, les Portugais, une partie des Suisses, les Roumains,
les Grecs; — 2° la famille *germanique* ou *saxonne*, comprenant les Allemands, les Hollandais, les Flamands, les Anglais, les Danois, les Suédois, les Norvégiens, une partie des
Suisses; — 3° la famille *slave*, où se trouvent les Polonais,
les Ruthènes, une grande partie des Russes, les Bohêmes, les
Serbes, etc.

Il y a, de plus, la famille *finnoise*, dans le N. E. les Hongrois s'y rattachent ; la famille *lettone*, aussi dans le N. E.;
la famille *celtique*, dans l'O. ; la famille *basque*, dans le S. O.

Les langues les plus répandues sont le français, l'anglais, l'allemand, l'italien, l'espagnol, le polonais, le russe.

La religion *chrétienne* est à peu près celle de toute l'Europe.

Le *catholicisme* domine au S., à l'O. et dans diverses régions centrales; il règne surtout chez les nations latines.

Au N., au N. O. et dans une grande partie du centre, les *protestants* sont les plus nombreux; ils appartiennent principalement aux nations germaniques.

La religion *grecque* est répandue à l'E. et au S. E. : elle réunit particulièrement les peuples slaves.

Les Turcs et quelques autres peuples de la Turquie et de la Russie sont *musulmans*.

Les *juifs* ou *israélites* sont surtout nombreux en Pologne, en Allemagne et dans l'empire Austro-Hongrois.

Les *Bohémiens*, sortis probablement de l'Inde au moyen âge, et qui errent à travers tous les pays d'Europe, sont encore *païens*.

Le gouvernement constitutionnel consistant en une monarchie et des assemblées qui représentent la nation règne dans la plupart des États de l'Europe. La Russie a la monarchie la plus absolue. La France et la Suisse sont les principales républiques.

FRANCE

—

GÉOGRAPHIE PHYSIQUE

—

LIMITES ET ÉTENDUE.

La FRANCE est dans la partie occidentale de la région moyenne de l'Europe.

Elle se trouve à peu près aussi loin du pôle arctique que de l'équateur, vers le milieu de la zone tempérée boréale, entre le 42ᵉ et le 51ᵉ degré de latitude. En longitude, elle s'arrête au 5ᵉ degré à l'E. du méridien de Paris et au 7ᵉ degré à l'O.

Au N., elle s'avance en pointe vers la *mer du Nord*, et vers le *Pas de Calais*, qui la sépare de l'Angleterre.

Au N. O., elle est bornée par la *Manche*, qui la sépare aussi de l'Angleterre.

À l'O., elle est baignée par l'*océan Atlantique* proprement dit et par la *mer de France*, qu'on appelle aussi *mer de Biscaye* ou *golfe de Gascogne*.

Au S., elle est bornée par la *Bidassoa* et les *Pyrénées*, qui la séparent de l'Espagne, et par la mer *Méditerranée*, qui forme dans cette partie le *golfe du Lion*.

À l'E., elle a pour bornes l'Italie, la Suisse et l'Allemagne; au N. E., une autre partie de l'Allemagne, le grand-duché de Luxembourg et la Belgique.

Les *Alpes* la limitent du côté de l'Italie; le lac de *Genève*, le *Jura* et le *Doubs*, du côté de la Suisse; les *Vosges*, du côté de l'Allemagne. Nous avions naguère, pour frontière, vers ce dernier pays, le *Rhin*; mais une funeste guerre et un désastreux traité nous ont fait perdre cette limite naturelle.

Au N. E., il n'y a pas de frontière naturelle.

La France a la forme d'un hexagone (figure à six côtés, dont trois côtés vers la mer et trois vers la terre.

Elle a 980 kilomètres du N. au S., depuis Dunkerque

jusqu'au cap Cerbère ; 875 kilomètres de l'O. à l'E., depuis
la pointe de Corsen jusqu'aux Vosges ; 1100 kilomètres du
N. O. au S. E., depuis la pointe de Corsen jusqu'à la Roia
(qui sépare un instant la France du royaume d'Italie), et
900 kilomètres du N. E. au S. O., de la frontière du Luxembourg à l'embouchure de la Bidassoa. — Il y a 528 000 kilomètres carrés et 36 millions et demi d'habitants.

CÔTES.

Depuis la Belgique jusqu'à l'embouchure de la Somme,
les côtes de France sont couvertes de dunes mouvantes, c'est-
à-dire de collines de sable que les vents font changer de place
fréquemment.

Un peu au S. de l'embouchure de la Somme, commencent
des falaises très-escarpées, qui vont jusqu'à l'embouchure de
la Seine.

Ensuite, depuis la Seine jusqu'à l'embouchure de la Loire,
les côtes sont très-irrégulières : il y a beaucoup de presqu'îles,
de golfes et de baies.

On y remarque d'abord le golfe de la *Seine*. — A l'O. de
ce golfe, s'avance la presqu'île de *Cotentin*, qui est terminée
au N. O. par le cap de la *Hague*[1], au N. E. par le cap de
Barfleur.

A l'O. du Cotentin, est le golfe de *Bretagne* ou de *Saint-
Malo*, qui comprend deux autres enfoncements : la baie du
Mont-Saint-Michel et la baie de *Saint-Brieuc*.

La *Bretagne* est une grande presqu'île qui s'avance entre
la Manche et la mer de France : on y remarque, à l'O., la
pointe de *Corsen*, le cap *Saint-Matthieu*, la rade de *Brest*,
la baie de *Douarnenez*, et les pointes du *Raz* et de *Penmarch ;*
au S., la petite presqu'île de *Quiberon* et le golfe du *Morbihan*.

Il y a plusieurs îles dans le voisinage de la Bretagne. On
remarque surtout l'île d'*Ouessant*, à l'O., et *Belle-Ile*, au S.

Entre l'embouchure de la Loire et celle de la Gironde, la

---

1. Il ne faut pas confondre ce cap avec celui de *la Hogue*, sur la
côte orientale du Cotentin.

côte est basse et bordée de marais salants. On y remarque la pointe de *Saint-Gildas*, la baie de *Bourgneuf*, l'île *Noirmoutier*, l'île d'*Yeu*, l'île de *Ré* et l'île d'*Oleron*; le détroit de *Fromentine* qui sépare Noirmoutier du continent; le *pertuis Breton*, entre l'île de Ré et le continent; le *pertuis d'Antioche*, entre les îles de Ré et d'Oleron; le *pertuis de Maumusson*, entre l'île d'Oleron et le continent.

Au S. de la Gironde, la côte est généralement composée de dunes mouvantes; près de ces dunes, on voit çà et là des forêts de pins et des lacs entourés de pâturages.

Il se trouve dans cette partie de la France un petit golfe nommé *Bassin d'Arcachon*.

La côte de la Méditerranée offre deux aspects principaux :

A l'O., autour du golfe du Lion, elle est basse et bordée de lagunes qu'on appelle généralement *étangs*.

A l'E., elle est assez élevée, agréablement variée, et forme de petits golfes, tels que ceux de *Fréjus*, de *Grimaud* et de *Cannes*; on y remarque les îles d'*Hyères* et de *Lérins*.

De la France dépend l'île de *Corse*, située près de l'Italie.

VERSANTS. — LIGNE DE PARTAGE DES EAUX. — ASPECT GÉNÉRAL DU SOL, MONTAGNES, PLAINES.

Des frontières de la Suisse à celles d'Espagne, s'étend une chaîne de hauteurs formant une partie de la grande arête de partage des eaux qui, depuis les monts Ourals jusqu'au détroit de Gibraltar, sépare l'Europe en deux versants. La France est ainsi partagée elle-même en deux versants principaux : 1° celui qui se penche vers l'*Atlantique* et ses divisions, c'est-à-dire la *mer du Nord*, la *Manche* et la *mer de France* ou le *golfe de Gascogne*; 2° celui qui est incliné vers la *Méditerranée*.

Cette grande ligne de partage des eaux, dirigée en général du N. E. au S. O., passe successivement par le *Jura*, les *Vosges méridionales*, les monts *Faucilles*, le *plateau de Langres*, la *Côte d'Or*, les *Cévennes* (divisées en *Cévennes* proprement dites, montagnes du *Gévaudan*, du *Vivarais*, du *Lyonnais*, etc.), les *Corbières occidentales* et les *Pyrénées*.

Six arêtes s'y rattachent du côté du versant de l'Atlantique.

Trois vont au N. : les *Vosges septentrionales*, la chaîne de l'*Argonne orientale* et des *Ardennes orientales*, et la chaîne de l'*Argonne occidentale* et des *Ardennes occidentales*, jointes aux collines de l'*Artois*. Cette troisième arête sépare le versant particulier de la mer du Nord de celui de la Manche, et se termine au cap *Grisnez*, sur le Pas de Calais ; elle envoie à l'O. un rameau formé des collines de la *Picardie* et du pays de *Caux*.

Trois vont à l'O : 1° la longue arête de partage des eaux entre les versants de la Manche et de la mer de France, et composée des montagnes du *Morvan*, des collines du *Nivernais*, des plateaux de la *Forêt d'Orléans* et de la *Beauce*, des collines du *Perche* et de la *Basse-Normandie*, de la chaîne *Armoricaine*, comprenant les montagnes de *Menez* et d'*Arez*. Elle se termine à l'extrémité de la Bretagne, et envoie deux rameaux remarquables : l'un au N., formé des collines du *Cotentin* et se terminant au cap de la *Hague* ; l'autre au S. O., connu sous le nom de montagnes *Noires*, et aboutissant à la pointe de *Penmarch*. — 2° La chaîne des montagnes du *Velay* et des montagnes du *Forez* ; — la chaîne des montagnes de la *Margeride* et d'*Auvergne*, continuées par celles du *Limousin*, et couronnant un vaste territoire très-élevé désigné sous le nom de *plateau Central de la France*.

Sur le versant de la Méditerranée, on ne remarque qu'une chaîne, mais la plus haute et la plus importante de toutes, celle des *Alpes occidentales*. Elle se détache, en Suisse, de l'arête principale du partage des eaux, et elle vient former la limite de la France sous les noms d'*Alpes Pennines*, d'*Alpes Grées*, d'*Alpes Cottiennes* et d'*Alpes Maritimes*, en envoyant des rameaux nombreux dans tout le S. E. de la France, particulièrement les *Alpes du Dauphiné* et les *Alpes de Provence*, qui se terminent par les *Alpines*, et au S. desquelles se trouvent, sur la côte de la Méditerranée, les deux groupes de montagnes des *Maures* et de l'*Esterel*.

Le plus haut sommet de la frontière de France est le mont *Blanc* (4810 mètres), dans les Alpes, sur la frontière de l'Italie. Les autres principaux points des Alpes de la limite de la France sont, du N. au S., le *Petit-Saint-Bernard*, le

GÉOGR., XI. — Cl. de mathém. prép.

mont *Cenis*, le mont *Tabor*, le mont *Genèvre* et le mont *Viso*.

Dans les Alpes de l'intérieur, on voit le *Grand Pelvoux*, le mont *Olan*, le pic des *Écrins* 4103 mètres, le plus haut point du sol entièrement français, le pic d'*Arsine*, le mont *Ventoux*.

Dans les Pyrénées, on remarque le *pic du Midi de Bigorre* et le *pic du Midi d'Ossau* ou de *Pau*, qui sont sur le territoire français; le mont *Perdu* et la *Maladetta*, sur le territoire espagnol. La Maladetta est la plus haute : elle a 3482 mètres.

Le mont *Dore* (dont le sommet culminant s'appelle *puy de Sancy*, 1888 mètres et le *Plomb du Cantal* (1858 mètres) sont les plus hauts points des montagnes d'Auvergne, qui sont formées généralement d'anciens volcans : le *puy de Dôme* est encore l'un des sommets principaux de ces montagnes. — Le mont *Mézenc*, la plus haute montagne des Cévennes, a environ 1774 mètres; la *Lozère* 1702 mètres) est un autre sommet remarquable de la même chaîne. — Le *Crêt de la Neige* 1723 mètres, le *Reculet* et le *Grand-Crédo* sont les plus hauts points du Jura.

Les *ballons* de *Guebwiller* et d'*Alsace*, les plus hautes montagnes des Vosges, ont, le premier 1429 mètres, le second 1250 mètres.

La *Corse* est traversée du nord au sud par une chaîne de hautes montagnes, dont les points principaux sont le *monte Cinto* (2816 m.), le *monte Rotondo* (2764 mètres) et le *monte d'Oro* (2652 mètres).

La France a ses plus vastes plaines dans le nord, où l'on remarque surtout celles de la *Champagne*, de la *Brie*, de la *Beauce*, de la *Flandre*.

Au centre, on rencontre les belles plaines de la *Touraine*, surnommée le *Jardin de la France*, les tristes plaines de la *Sologne*, parsemées de landes, de mares et d'étangs, et les plaines du *Berri*.

A l'E., sont les fertiles plaines qui bordent la Saône, particulièrement celles de la *Bresse*, continuées par les plaines marécageuses de la *Dombes*.

Au S. O., s'étendent les plaines stériles des *Landes*, espèces de déserts couverts de bruyères, de sables, de mares et de forêts de pins.

FLEUVES ET RIVIÈRES.

Les eaux qui arrosent la France sont distribuées en quatre versants, dont trois appartiennent à la pente générale inclinée vers l'océan Atlantique, et le quatrième est incliné vers la Méditerranée.

Cours d'eau du versant de la mer du Nord. — Du côté de la mer du Nord, coulent trois cours d'eau principaux : la *Moselle*, affluent du Rhin, auquel elle se joint en Allemagne ; la *Meuse* et l'*Escaut*.

La *Meurthe* s'unit à la Moselle, à droite.

La *Sambre* se jette dans la Meuse, par la gauche.

La *Scarpe* et la *Lys* affluent à la gauche de l'Escaut.

Cours d'eau du versant de la Manche. — La *Somme*, la *Seine*, l'*Orne*, la *Vire* et la *Rance* se jettent dans la Manche.

De ces cinq cours d'eau, la *Seine* mérite seule le nom de *fleuve*. Elle prend sa source dans la Côte d'Or, coule au N. O., forme beaucoup de sinuosités, et entre dans la mer par une large embouchure, en face du Havre. — Les affluents les plus remarquables de la Seine sont : à droite, l'*Aube*, la *Marne* et l'*Oise*, qui reçoit l'*Aisne* ; — à gauche, l'*Yonne*, le *Loing* et l'*Eure*.

Cours d'eau du versant de l'Atlantique proprement dit et de la mer de France. — L'*Aulne* se jette dans l'Atlantique proprement dit, par la rade de Brest, vers l'extrémité occidentale de la Bretagne.

Le *Blavet*, la *Vilaine*, la *Loire*, la *Sèvre Niortaise*, la *Charente*, la *Seudre*, la *Garonne* nommée *Gironde* dans son cours inférieur et l'*Adour* se rendent dans la mer de France.

La Vilaine reçoit l'*Ille*.

La *Loire* prend sa source dans les Cévennes, coule d'abord au N., ensuite à l'O., et se jette dans la mer à Saint-Nazaire. C'est le plus grand des fleuves entièrement renfermés en France.

Les rivières principales que la Loire reçoit à droite sont la *Nièvre* et la *Maine* ; cette dernière rivière porte dans sa partie supérieure le nom de *Mayenne*, et elle reçoit la *Sarthe*, augmentée elle-même du *Loir*. — A gauche, la Loire reçoit l'*Allier*, le *Loiret*, fort court, mais remarquable par l'abondance de sa source ; le *Cher*, l'*Indre*, la *Vienne* (qui se grossit de la *Creuse*), enfin la *Sèvre Nantaise*.

La Sèvre Niortaise reçoit la *Vendée*.

La *Garonne* descend des Pyrénées, en Espagne, et se jette dans l'Océan par une très-large embouchure, sous le nom de *Gironde*, qu'elle ne prend qu'après avoir reçu la *Dordogne*. Elle a pour affluents, à droite, l'*Ariége*, le *Tarn*, grossi de l'*Aveyron*, le *Lot*, enfin la *Dordogne*, qui elle-même reçoit la *Vézère* grossie de la *Corrèze* et l'*Ile* ; à gauche, la Garonne s'augmente du *Gers*.

L'Adour reçoit le *gave de Pau*.

Versant de la Méditerranée — La Méditerranée reçoit la *Tet*, l'*Aude*, l'*Hérault*, le *Rhône*, l'*Argens* et le *Var*.

Le *Rhône* est un fleuve extrêmement rapide ; il prend sa source dans les Alpes, en Suisse. Après avoir formé le lac de Genève, il fait une petite partie de la limite entre la France et la Suisse, et entre ensuite dans la France. Il coule d'abord à l'O., jusqu'à Lyon ; de là il se dirige au S., et se rend dans la mer par quatre embouchures.

Le delta du Rhône s'appelle *Camargue*.

Les principales rivières que ce fleuve reçoit à droite sont : l'*Ain* ; la *Saône*, qui se grossit du *Doubs* ; l'*Ardèche* ; et le *Gard* ou *Gardon*, sur lequel on admire un magnifique pont-aqueduc de construction romaine.

A gauche, il reçoit l'*Arve*, l'*Isère*, la *Drôme* et la *Durance*.

De tous les affluents du Rhône, le plus important est la Saône.

Grandeur comparée des fleuves de la France. — Le plus grand des fleuves qui arrosent la France est la Loire, qui a 1150 kilomètres de longueur ; — le Rhône en a 800 ; — la Seine, 780 ; — et la Garonne avec la Gironde, 650.

LACS.

Le plus grand lac qui baigne la France est celui de *Genève* ou lac *Léman*, formé par le Rhône. — Au S. O. de ce lac, sont les lacs d'*Annecy* et du *Bourget*, qui s'écoulent dans le Rhône, et le lac de *Paladru*, qui s'écoule dans l'Isère.

On remarque encore dans l'E. de la France, au pied du Jura, le lac de *Nantua*, qui s'écoule dans l'Ain, et le lac de *Saint-Point*, formé par le Doubs; au pied des Vosges, les trois lacs de *Gérardmer*.

Dans l'O. de la France, vers l'embouchure de la Loire, est le lac de *Grand-Lieu*.

On trouve, le long de la côte du golfe du Lion, les étangs de *Thau*, de *Valcarès* et de *Berre*, qu'on peut considérer comme des lagunes.

<h2 style="text-align:center">CANAUX.</h2>

Le canal de *Saint-Quentin*, continué par le canal *Crozat*, unit l'Escaut à la Somme et à l'Oise.

Le canal *latéral à l'Oise* se rattache au précédent, et longe l'Oise jusque vers le confluent de l'Aisne.

Le canal de la *Somme* longe et prend tour à tour le cours de la rivière de ce nom.

Le canal de la *Sambre à l'Oise* est encore un des principaux du N. de la France.

Le canal des *Ardennes* joint l'Aisne à la Meuse.

Le canal de l'*Aisne à la Marne* est comme la continuation du précédent.

Le canal de l'*Ourcq* amène à Paris les eaux de l'Ourcq, petite rivière qui se jette dans la Marne. La continuation de ce canal à travers Paris porte le nom de canal *Saint-Martin*, et se termine à la Seine.

Le canal de la *Haute-Seine* longe en partie le cours supérieur de la Seine.

Les canaux du *Loing*, d'*Orléans* et de *Briare* unissent la Seine à la Loire.

Le canal de *Bourgogne* s'étend de l'Yonne à la Saône. — Le canal du *Rhône au Rhin*, ou de l'*Est*, en est à peu près la continuation, et joint la Saône au Rhin.

Le canal de la *Marne au Rhin* s'étend dans l'est de la France.

Le canal du *Centre* joint la Loire à la Saône.

Le canal *latéral à la Loire* longe ce fleuve depuis le canal de Briare jusqu'à celui du Centre. Le canal de *Roanne* en est la continuation méridionale.

Le canal du *Nivernais* joint la Loire à l'Yonne.

Le canal du *Berri*, qui va du Cher à la Loire, se compose de deux branches : l'une commence au cours supérieur, l'autre au cours inférieur du Cher.

Le canal de *Nantes à Brest* s'étend de la Loire à la rade de Brest.

Le canal d'*Ille-et-Rance* unit les deux rivières de ce nom.

Le canal du *Languedoc* ou du *Midi*, appelé aussi canal des *Deux-Mers*, conduit de la Garonne à l'étang de Thau, et par conséquent à la Méditerranée. Il est continué par le canal des *Étangs* et par le canal de *Beaucaire*, qui aboutit au Rhône.

Le canal *latéral à la Garonne* longe le cours moyen de ce fleuve, à partir de Toulouse.

CHEMINS DE FER. — ROUTES.

Paris est le centre des chemins de fer français. Six lignes principales en partent :

1° Le CHEMIN DU NORD, sur *Amiens*, *Arras*, *Douai*, *Lille*, et, avec ses rameaux, sur *Boulogne*, *Calais*, *Dunkerque*, vis-à-vis de l'Angleterre, et sur *Gand*, *Bruxelles*, *Liége*, en Belgique, *Cologne*, en Allemagne.

2° et 3° Les deux lignes des CHEMINS DE L'OUEST, ayant leurs points de départ à la *rive droite* et à la *rive gauche* de la Seine, à Paris, et se portant, d'une part, sur *Rouen* et *le Havre*, sur *Caen* et *Cherbourg*; de l'autre, sur *Versailles*, *Chartres*, *le Mans*, *Rennes* et *Brest*.

4° Le CHEMIN D'ORLÉANS, qui, à Orléans, se sépare en deux grandes branches : l'une sur *Tours*, *Angers* et *Nantes*, avec l'embranchement de *Tours* à *Poitiers* et *Bordeaux*; l'autre sur *Vierzon*, *Bourges*, *Moulins*, *Clermont*, avec le rameau de *Limoges* et *Périgueux*.

5° Le CHEMIN DE PARIS À LYON, par deux directions :

l'une par *Dijon* et *Mâcon*, c'est-à-dire par la *Bourgogne*, avec des embranchements sur *Besançon*, *Neuchâtel* en Suisse, *Genève*, *Chambéry*, *Turin* (par le tunnel des Alpes ; — l'autre par *Nevers*, *Moulins*, *Roanne* et par *Tarare* ou par *Saint-Étienne* : c'est la ligne du *Bourbonnais*, avec des rameaux qui se rattachent à la ligne de la Bourgogne et au chemin d'Orléans. Le CHEMIN DE LYON A LA MÉDITERRANÉE est la continuation de la ligne de Paris à Lyon, et se rend à *Marseille* par *Avignon*; il dirige des rameaux sur *Grenoble*, sur *Nimes* et *Montpellier*, sur *Toulon* et *Nice*, etc.

6° Le CHEMIN DE L'EST, sur *Strasbourg*, par *Châlons-sur-Marne*, *Bar-le-Duc*, *Nancy*, avec embranchements sur *Troyes*, *Belfort*, *Mulhouse* et *Bâle*, sur *Reims* et les *Ardennes*, sur *Metz* et *Mayence* (en Allemagne).

Les CHEMINS DU MIDI touchent, d'un côté, à la ligne de Lyon à la Méditerranée; de l'autre, à celle d'Orléans à Bordeaux. La ligne principale va de *Cette à Bordeaux*, en passant par *Narbonne*, *Carcassonne*, *Toulouse*, *Montauban*, *Agen*, et elle envoie des rameaux vers l'Espagne par *Perpignan* et par *Bayonne*.

Après les chemins de fer, les grandes voies de communication par terre sont les *routes nationales*, divisées en trois classes : la première, de 15^m,64 de largeur; la 2e, de 11^m,69, et la 3e, d'un peu moins de 11^m. — Viennent ensuite les *routes départementales*, de 8 à 10^m de largeur; — et, au-dessous, les *chemins vicinaux de grande communication* ou *chemins de grande vicinalité;* — puis les *chemins d'intérêt commun;* — enfin les *chemins vicinaux ordinaires* ou *chemins communaux.*

GÉOGRAPHIE POLITIQUE

GOUVERNEMENT, DIVISIONS ADMINISTRATIVES, ECCLÉSIAS-
TIQUES, ETC.

Le gouvernement de la France est une république, à la tête de laquelle se trouvent une Assemblée et un Président.

Il y a neuf ministères chargés de toutes les branches de l'administration : 1° le ministère de la justice ; 2° le ministère des affaires étrangères ; 3° le ministère des finances ; 4° le ministère de l'intérieur ; 5° le ministère de la guerre ; 6° le ministère de la marine et des colonies ; 7° le ministère de l'instruction publique, des cultes et des beaux-arts ; 8° le ministère de l'agriculture et du commerce ; 9° le ministère des travaux publics.

Avant la révolution de 1789, la France comprenait 36 provinces. La véritable division politique ne consistait cependant qu'en 31 *gouvernements généraux militaires ;* car 6 de ces provinces, la *Picardie,* l'*Artois,* la *Saintonge,* l'*Angoumois,* la *Guienne* et la *Gascogne,* ne formaient que 3 gouvernements : ceux de *Picardie et Artois,* de *Saintonge et Angoumois,* de *Guienne et Gascogne.* L'État d'Avignon dépendait des papes, et la Corse n'avait pas le titre de gouvernement général.

Aujourd'hui la France est partagée en 86 *départements,* dont chacun se divise en un certain nombre d'*arrondissements.*

Chaque chef-lieu de département est la résidence d'un préfet, qui administre le département et en même temps l'arrondissement dont cette ville est le chef-lieu. Les autres arrondissements sont administrés par des sous-préfets.

Les arrondissements sont divisés en *cantons,* à la tête de chacun desquels se trouve, pour rendre la justice, un magistrat nommé juge de paix.

Les cantons comprennent d'autres divisions plus petites, appelées *communes,* qui sont administrées par des maires.

Des conseils généraux, nommés par les cantons, sont chargés des intérêts départementaux et se réunissent aux chefs-lieux des départements. Il y a des conseils d'arrondissement, nommés aussi par les cantons. Chaque commune a un conseil municipal.

Le culte catholique, qui est celui de la majorité de la population française, a pour premiers administrateurs ecclésiastiques des archevêques, dont chacun a au-dessous de lui un certain nombre d'*évêques,* dits ses *suffragants.* On appelle *diocèse* le pays administré, sous le rapport ecclésiastique, par un archevêque ou par un évêque : ordinairement chaque diocèse comprend le département dans lequel est situé le siége de l'archevêché ou de l'évêché. Il y a 17 archevêchés et 69 évêchés (en y comprenant encore ceux de Metz et de Strasbourg, et sans compter l'Algérie).

Les archevêchés sont : au N., *Paris, Rouen, Reims, Cambrai ;* — à l'E., *Besançon, Lyon* et *Chambéry ;* — à l'O., *Rennes ;* — au centre, *Sens, Tours* et *Bourges ;* — au S., *Bordeaux, Auch, Toulouse, Albi, Avignon* et *Aix.*

Chaque canton forme le ressort d'une *cure*, dont dépendent un certain nombre de succursales dirigées par les desservants des diverses paroisses communes .

La justice est rendue, dans chaque canton, par les juges de paix. Au-dessus, sont les tribunaux de première instance, aussi nombreux que les arrondissements : ces tribunaux ressortissent à vingt-six cours d'appel (il y en avait vingt-huit avant 1871). Au-dessus de ces cours est celle de cassation.

Dans chaque département, il y a une cour d'assises, qui est un tribunal criminel temporaire, ressortissant à la cour d'appel de laquelle dépend ce département. Les juges sont les *jurés*, citoyens désignés par le sort.

Des tribunaux de commerce sont établis dans les principales villes commerçantes : les membres en sont élus par les notabilités commerciales de ces villes.

Des conseils de *prud'hommes*, institués dans la plupart des villes de commerce, sont composés moitié de patrons, moitié de contre-maîtres ou ouvriers, et destinés à juger les contestations qui peuvent s'élever entre ces diverses classes de personnes.

L'instruction publique est distribuée en seize académies universitaires, à la tête de chacune desquelles est un recteur. Ces académies sont : au N., *Paris, Caen, Douai ;* — à l'E., *Nancy, Besançon, Dijon, Lyon, Chambéry, Grenoble ;* — au centre, *Clermont ;* — à l'O., *Rennes, Poitiers ;* — au S., *Bordeaux, Toulouse, Montpellier, Aix.*

Pour l'administration militaire, la France est partagée en 22 divisions militaires.

Il y a cinq préfectures maritimes, qui ont pour chefs-lieux les cinq grands ports militaires de l'État : 1re préfecture, *Cherbourg*; 2e, *Brest*; 3e, *Lorient*; 4e, *Rochefort*; 5e, *Toulon*.

ANCIENNES PROVINCES.

Sur le versant de la mer du Nord, l'ancienne France avait quatre provinces : l'*Alsace*, capitale Strasbourg; la *Lorraine*, capitale Nancy; la *Flandre*, capitale Lille; et l'*Artois*, capitale Arras.

Sur le versant de la Manche, il y en a quatre : la *Picardie*, capitale Amiens; la *Champagne*, capitale Troyes; l'*Ile-de-France*, capitale Paris; la *Normandie*, capitale Rouen.

Une grande province à l'extrémité occidentale de la France appartient à la fois au versant de la Manche, à ceux de la mer de France et de l'océan Atlantique proprement dit : c'est la *Bretagne*, capitale Rennes.

Dix-huit provinces appartiennent au versant de la mer de France. C'est-à-dire : 1° Onze dans le bassin de la Loire. D'abord, sur les rives de ce fleuve : le *Bourbonnais*, capitale Moulins; le *Nivernais*, capitale Nevers; le *Berri*, capitale Bourges; l'*Orléanais*, capitale Orléans; la *Touraine*, capitale Tours; l'*Anjou*, capitale Angers. — Ensuite, à quelque distance de la Loire, à droite : le *Maine* avec le *Perche*, capitale le Mans; — et, à gauche, l'*Auvergne*, capitale Clermont; la *Marche*, capitale Guéret; le *Limousin*, capitale Limoges; le *Poitou*, capitale Poitiers.

2° Trois sont dans le bassin de la Charente : l'*Angoumois*, capitale Angoulème; la *Saintonge*, capitale Saintes; l'*Aunis*, capitale la Rochelle.

4° Quatre dans les bassins de la Garonne et de l'Adour : la *Guienne*, capitale Bordeaux; la *Gascogne*, capitale Auch; le *Béarn*, capitale Pau; le *Comté de Foix*, capitale Foix.

Deux provinces sont partagées presque également entre les versants de la Méditerranée et de la mer de France : le *Languedoc*, capitale Toulouse, et le *Lyonnais*, capitale Lyon.

Une province appartient à la fois aux versants de la Méditerranée, de la Manche et de la mer de France : la *Bourgogne*, capitale Dijon.

Six provinces appartiennent entièrement au versant de la Méditerranée : la *Franche-Comté*, capitale Besançon ; le *Dauphiné*, capitale Grenoble ; l'*État d'Avignon*, capitale Avignon ; la *Provence*, capitale Aix ; le *Roussillon*, capitale Perpignan ; l'*île de Corse*, qui avait pour capitale Bastia.

En 1860, deux provinces, la *Savoie* et le *Comté de Nice*, cédées par les États sardes devenus depuis le royaume d'Italie, ont été annexées à la France ; elles sont toutes deux sur le versant de la Méditerranée. En 1871, un fatal traité nous a enlevé l'*Alsace* et le N. E. de la *Lorraine*, qui ont été cédés à l'Allemagne.

DÉPARTEMENTS COMPARÉS AUX ANCIENNES PROVINCES [2].

L'ALSACE a formé deux départements : le *Haut-Rhin* et le *Bas-Rhin*, qui ont été cédés à l'Allemagne en 1871.

La LORRAINE a formé quatre départements : les *Vosges*, la *Meurthe*, la *Moselle* et la *Meuse* ; mais, par le traité de 1871, nous avons perdu les quatre cinquièmes du département de la Moselle et le tiers du département de la Meurthe. Ce que nous avons conservé de ces deux départements a formé le département de *Meurthe-et-Moselle*.

Le FLANDRE a formé le département du *Nord*.

L'ARTOIS a formé le département du *Pas-de-Calais*.

La PICARDIE a formé le département de la *Somme*.

1. L'État d'Avignon était composé du *Comtat d'Avignon* et du *Comtat Venaissin*.

2. Il faut remarquer que les départements correspondent seulement *à peu près* aux provinces que nous indiquons comme les ayant formés.

La CHAMPAGNE a formé quatre départements : l'*Aube*, la *Haute-Marne*, la *Marne*, les *Ardennes*.

L'ILE-DE-FRANCE a formé cinq départements : la *Seine*, *Seine-et-Oise*, l'*Oise*, *Seine-et-Marne*, l'*Aisne*.

La NORMANDIE a formé cinq départements : la *Seine-Inférieure*, l'*Eure*, le *Calvados*, la *Manche*, l'*Orne*.

La BRETAGNE a formé cinq départements : *Ille-et-Vilaine*, les *Côtes-du-Nord*, le *Finisterre* [1], le *Morbihan*, la *Loire-Inférieure*.

Le BOURBONNAIS a formé le département de l'*Allier*.

Le NIVERNAIS a formé le département de la *Nièvre*.

Le BERRI a formé deux départements : le *Cher*, l'*Indre*.

L'ORLÉANAIS a formé trois départements : le *Loiret*, *Eure-et-Loir*, *Loir-et-Cher*.

La TOURAINE a formé le département d'*Indre-et-Loire*.

L'ANJOU a formé le département de *Maine-et-Loire*.

Le MAINE (avec le PERCHE) a formé deux départements : la *Sarthe*, la *Mayenne*.

L'AUVERGNE a formé deux départements : le *Puy-de-Dôme*, le *Cantal*.

La MARCHE a formé le département de la *Creuse*.

Le LIMOUSIN a formé deux départements : la *Corrèze*, la *Haute-Vienne*.

Le POITOU a formé trois départements : la *Vendée*, les *Deux-Sèvres*, la *Vienne*.

L'ANGOUMOIS a formé le département de la *Charente*.

L'AUNIS et la SAINTONGE ont formé le département de la *Charente-Inférieure*.

La GUIENNE a formé six départements : la *Dordogne*, le *Lot*, l'*Aveyron*, *Tarn-et-Garonne*, *Lot-et-Garonne*, la *Gironde*.

La GASCOGNE a formé trois départements : les *Landes*, le *Gers*, les *Hautes-Pyrénées*.

1. Cette orthographe est préférable à celle de *Finistère*, employée plus ordinairement.

Le BÉARN a formé le département des *Basses-Pyrénées*.

Le COMTÉ DE FOIX a formé le département de l'*Ariège*.

Le LANGUEDOC a formé huit départements : trois baignés par la mer, l'*Aude*, l'*Hérault*, le *Gard* ; — et cinq dans l'intérieur, la *Haute-Garonne*, le *Tarn*, la *Lozère*, la *Haute-Loire*, l'*Ardèche*.

Le LYONNAIS a formé deux départements : le *Rhône*, la *Loire*.

La BOURGOGNE (avec la BRESSE) a formé quatre départements : l'*Yonne*, la *Côte-d'Or*, *Saône-et-Loire*, l'*Ain*.

La FRANCHE-COMTÉ a formé trois départements : le *Doubs*, la *Haute-Saône*, le *Jura*.

La SAVOIE a formé deux départements : celui de la *Savoie* et la *Haute-Savoie*.

Le DAUPHINÉ a formé trois départements : l'*Isère*, la *Drôme*, les *Hautes-Alpes*.

L'ÉTAT D'AVIGNON a formé le département de *Vaucluse*.

La PROVENCE a formé trois départements : les *Bouches-du-Rhône*, les *Basses-Alpes*, le *Var*.

Une grande partie du COMTÉ DE NICE (avec l'arrondissement de Grasse, distrait du département du Var) a formé le département des *Alpes-Maritimes*.

Le ROUSSILLON a formé le département des *Pyrénées-Orientales*.

La CORSE a formé le département de même nom.

DÉPARTEMENTS AVEC LEURS VILLES LES PLUS IMPORTANTES

classés par versants maritimes et par bassins de fleuves et de rivières.

—

VERSANT DE LA MER DU NORD.

—

BASSIN DU RHIN.

1° Deux anciens départements sur le Rhin.

Ancien départ. du HAUT-RHIN.
[Presque entièrement cédé à l'Allemagne en 1871.]

COLMAR, ville de 24 000 hab., était chef-lieu du département.

Mulhouse, sur l'Ill et sur le canal du Rhône au Rhin, célèbre par sa grande industrie du coton, par ses fabriques de toiles peintes, de machines, etc., et peuplée de 60 000 hab., était une sous-préfecture et la plus grande ville de ce département.

Belfort ou *Béfort*, place très-forte, qui s'est vaillamment défendue contre les Allemands dans la guerre de 1870-1871, a été conservée par la France, et son territoire forme une division distincte qui a rang de département.

Ancien départ. du BAS-RHIN.
[Tout entier réuni à l'Allemagne en 1871.]

STRASBOURG (85 000 hab.), sur l'Ill et près du Rhin, place très-forte, était le chef-lieu du département : c'est aujourd'hui la capitale du gouvernement allemand d'Alsace-Lorraine. — Belle cathédrale. — Invention de l'imprimerie au XVᵉ siècle. — Bombardement et prise de la ville par les Allemands en 1870.

Les sous-préfectures étaient *Wissembourg*, *Saverne* et *Schlestadt*.

2° *Deux départements sur le cours de la Moselle.*

Départ. des **VOSGES**.

[Une petite partie, à l'extrémité N. E., a été cédée à l'Allemagne
en 1871.]

ÉPINAL (12 000 hab.), chef-lieu, sur la Moselle.

Sous-préfecture : *Saint-Dié*, *Neufchâteau*, *Mirecourt* et
Remiremont.

Autres lieux remarquables : *Domremy*, lieu de naissance de
Jeanne Darc, et *Plombières*, célèbre par ses eaux minérales.

Départ. de **MEURTHE-et-MOSELLE**.

[Formé des parties laissées à la France dans les anciens départements
de la MEURTHE et de la MOSELLE.]

NANCY, chef-lieu, très-belle ville. Magnifique place Sta-
nislas. Broderies et tapisseries renommées. 53 000 hab.)

Sous-préfectures : *Lunéville*, Château des anciens ducs
de Lorraine. Fabriques de faïence. (15 000 hab.) — *Toul*,
place forte, sur la Moselle. — *Briey*.

Autre lieu remarquable : *Baccarat*, célèbre par ses cris-
taux.

Dans la partie de l'ancien département de la Meurthe
cédée à l'Allemagne, se trouvent *Château-Salins*, *Sarre-
bourg*, qui étaient des sous-préfectures, et *Dieuze*, avec de
grandes salines.

Dans la partie de l'ancien département de la Moselle cédée
à l'Allemagne, la ville principale est METZ (57 000 hab.),
place forte, sur la Moselle, qui était le chef-lieu de ce
département. Plusieurs batailles furent livrées aux environs,
en 1870, avant la prise de la ville par les Prussiens.

Là aussi se trouvent les anciennes sous-préfectures de
Thionville, place forte, sur la Moselle, et de *Sarreguemines*,
renommée par sa faïence.

BASSIN DE LA MEUSE.

Deux départements traversés par la Meuse.

Départ. de la **MEUSE.**

BAR-LE-DUC, chef-lieu, sur l'Ornain (15 000 hab.).

Sous-préfectures : *Verdun*, sur la Meuse (11 000 hab.). — *Commercy*, aussi sur la Meuse. — *Montmédy*, place forte.

Autre lieu remarquable : *Vaucouleurs*, qui rappelle Jeanne Darc.

Départ. des **ARDENNES.**

MÉZIÈRES, chef-lieu, sur la Meuse. Place forte. Belle défense de Bayard en 1521. (4500 hab.)

La plus grande ville est *Sedan* (14 000 hab.), sous-préfecture, place forte, sur la Meuse. Trop fameuse par le grand désastre de l'armée française en 1870. — Autres sous-préfectures : *Rocroi*, victoire de Condé en 1643. — *Rethel*. — *Vouziers*.

Charleville (13 000 habit.), sur la Meuse, très-près de Mézières, est plus considérable que ce chef-lieu.

BASSIN DE L'ESCAUT.

1° Un département traversé par l'Escaut.

Départ. du **NORD.**

LILLE, chef-lieu, place forte. Cinquième ville de France. Industrie des tissus. (158 000 hab.)

Sous-préfectures : *Dunkerque*, place forte et port de mer (32 000 habit.). — *Douai*, place forte (24 000 habit.). — *Cambrai*, place forte, sur l'Escaut. Fénelon en a été archevêque. (23 000 habit.) — *Valenciennes*, place forte, sur l'Escaut (24 000 hab.). — *Hazebrouck*. — *Avesnes*.

Autres lieux remarquables : *Roubaix* (76 000 habit.), *Tourcoing* (43 000 habit.), *Armentières* (19 000 habit.), remarquables par leurs fabriques de toutes sortes de tissus.

— *Denain*, *Anzin*. Mines de houille. Victoire de Villars à Denain en 1712.

2° Sur le cours de la Scarpe et de la Lys, affluents de gauche de l'Escaut.

Départ. du **PAS-DE-CALAIS**.

ARRAS, chef-lieu, place forte, sur la Scarpe (27 000 hab.).

La plus grande ville du département est *Boulogne-sur-mer*, sous-préfecture, port très-fréquenté (40 000 hab.). — Autres sous-préfectures : *Saint-Omer* (22 000 hab.), place forte. — *Béthune*. — *Montreuil-sur-mer*. — *Saint-Pol*.

Autres lieux remarquables : *Calais* (13 000 hab.), port fameux, place assiégée par les Anglais en 1347, reprise sur eux en 1585. — *Saint-Pierre lez Calais*, qui fabrique des tulles renommés. (20 000 hab.)

VERSANT DE LA MANCHE.

BASSIN DE LA SOMME.

Départ. de la **SOMME**.

AMIENS, chef-lieu, sur la Somme (65 000 hab.). Belle cathédrale. Fabriques de velours, de toiles, de tapis et de casimirs.

Sous-préfectures : *Abbeville*, sur la Somme. Fabriques de tapis, de moquettes et de toiles. (18 000 hab.) — *Péronne*, place forte. — *Doullens*. — *Montdidier*.

Autres lieux remarquables : *Saint-Valery sur Somme*, port de mer. — *Crécy*. Victoire des Anglais en 1346.

BASSIN DE LA SEINE.

1° Six départements traversés par la Seine.

Départ. de l'**AUBE**.

TROYES, chef-lieu, sur la Seine. Fabriques de toiles et de bonneterie; papeteries. Traité célèbre de 1420, entre la France et l'Angleterre. (38 000 hab.)

Sous-préfectures : *Bar-sur-Aube.* — *Arcis-sur-Aube.* — *Bar-sur-Seine.* — *Nogent-sur-Seine.*

Autre lieu remarquable : *Brienne-le-Château*, célèbre par une ancienne école militaire où fut élevé Napoléon Ier.

Départ. de **SEINE-ET-MARNE**.

MELUN, chef-lieu, sur la Seine (11 000 hab.).

Sous-préfectures : *Meaux*, sur la Marne (11 000 hab.), dont Bossuet a été évêque. — *Fontainebleau*, près de la Seine, célèbre par son château et sa forêt. (11 000 hab.) — *Coulommiers.* — *Provins.*

Départ. de la **SEINE**.

PARIS, chef-lieu de ce département et capitale de la France, est sur les deux rives et sur les deux îles de la Seine (l'île de la Cité, où Paris a pris naissance sous le nom de *Lutèce*, et l'île Saint-Louis). Le canal Saint-Martin, continué par le bassin de la Villette et le canal de l'Ourcq, traverse la partie orientale. Cette grande ville a 33 kilomètres de circuit et 2 millions d'hab. Elle est entourée de fortifications et défendue en outre par des forts détachés.

Les principaux *lieux de promenade* sont : les boulevards, les Champs-Élysées; les jardins des Tuileries, du Luxembourg, des Plantes; les parcs de Monceaux et des Buttes-Chaumont; les squares du Temple, de la Tour Saint-Jacques, du Conservatoire des arts et métiers, etc.

Les *plus belles rues* sont celles de la Paix, de Castiglione, de Rivoli, les boulevards proprement dits (c'est-à-dire ceux

Paris, vue générale

qui ont été élevés sur l'emplacement des anciennes fortifications abattues sous Louis XIV, les boulevards nouveaux de Sébastopol, Saint-Michel, Voltaire ou du Prince-Eugène, de Magenta, Malesherbes, Haussmann, Saint-Germain, etc.

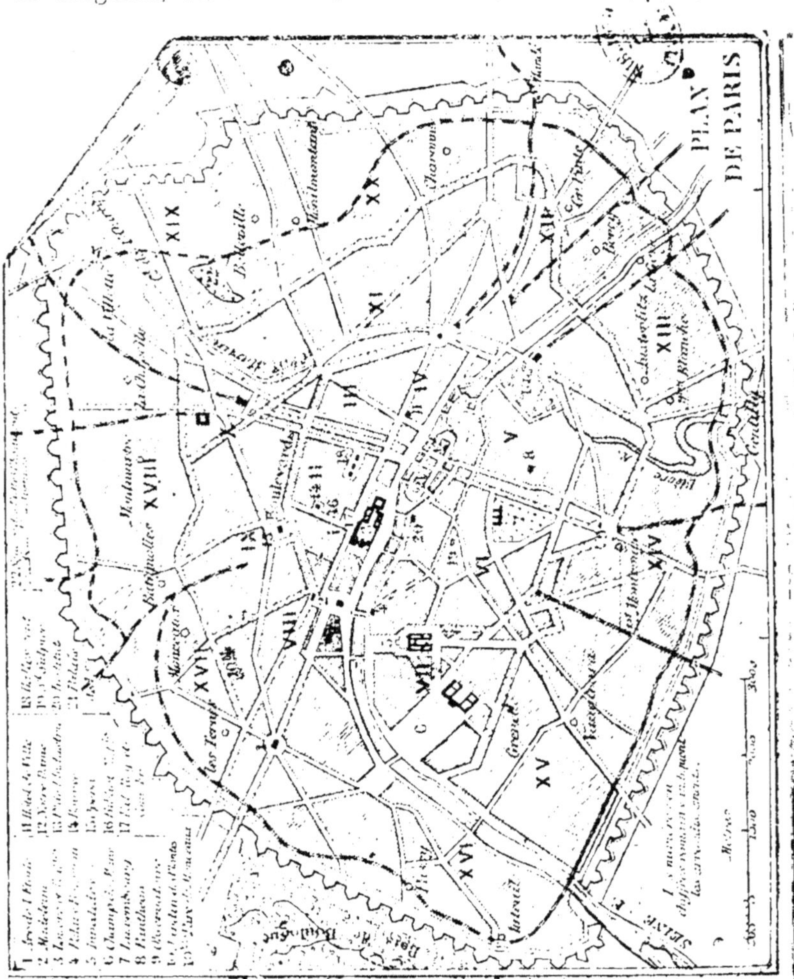

Les *plus belles places* sont : la place Vendôme, celles de la Concorde, du Carrousel, de Saint-Sulpice, l'Esplanade des Invalides, le Champ de Mars.

Palais. — Les Tuileries (incendiées en 1871), le Louvre (en partie incendié), le Palais-Royal (id.), l'Élysée, le palais du Luxembourg, le palais Bourbon, le palais de Justice (incendié), le palais de l'Institut, le palais de l'Industrie.

Principales églises. — Notre-Dame, Saint-Germain l'Auxerrois, Sainte-Geneviève le Panthéon, Saint-Eustache, la Madeleine, Saint-Sulpice, Sainte-Clotilde, la Trinité.

Principaux hospices et hôpitaux. — L'Hôtel-Dieu, l'hôpital Saint-Louis, l'hôpital Lariboisière, l'hospice des Quinze-Vingts, la Salpêtrière, l'hospice militaire du Val-de-Grâce.

Établissements consacrés aux sciences, aux lettres et à l'instruction. — L'Observatoire, l'Institut, la Sorbonne, le Collége de France, l'École polytechnique, l'École de médecine, l'École de droit, l'École des Beaux-Arts, le Muséum d'histoire naturelle, la Bibliothèque nationale, la bibliothèque Sainte-Geneviève, la bibliothèque Mazarine, celle de l'Arsenal, les Archives nationales, le Conservatoire de musique, celui des Arts et Métiers, le musée de Cluny, etc.

Autres monuments. — L'Hôtel de ville (incendié en 1871), la Bourse, l'Hôtel des Invalides, la colonne de Juillet ou de la Bastille, l'Arc de triomphe de l'Étoile, le nouvel Opéra, etc. La belle colonne Vendôme, qui ornait la place de même nom, a été renversée en 1871.

Lieux annexés à Paris en 1860.

A droite de la Seine :
Bercy. — Une partie de *Saint-Mandé.* — *Charonne.* — *Ménilmontant.* — *Belleville.* — *La Villette.* — *La Chapelle.* — *Montmartre.* — *Les Batignolles.* — *Monceaux.* — *Les Ternes.* — *Passy.* — *Auteuil.*

A gauche de la Seine :
Grenelle. — *Vaugirard.* — *Le Petit-Montrouge.* — Des portions de *Gentilly* et d'*Ivry.*

Deux sous-préfectures — *Saint-Denis* (32 000 hab.), place fortifiée, sur le canal de même nom et près de la rive droite de la Seine. Belle église de l'ancienne abbaye. — *Sceaux.*

Autres lieux remarquables. — 1° Sur la Seine ou très-près de la Seine :

Choisy-le-Roi. Fabriques de faïence, de produits chimiques, de maroquins. — *Vitry-sur-Seine.* Pépinières. — *Ivry-sur-Seine.* — *Boulogne-sur-Seine*, près du beau bois de même nom. — *Neuilly-sur-Seine.* — *Surènes*, au pied du

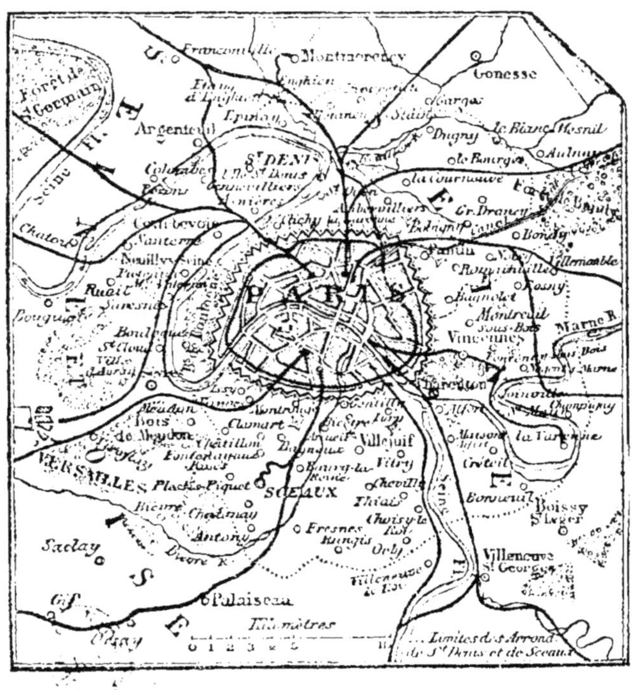

Environs de Paris.

mont Valérien, couronné par une forteresse importante. — *Puteaux.* Nombreux établissements d'industrie. — *Courbevoie.* — *Levallois-Perret.* — *Clichy-la-Garenne.* Produits chimiques, verrerie et cristallerie. — *Asnières.*

2° Sur la Marne :

Nogent-sur-Marne, près du bois de Vincennes. — *Saint-Maur*, sur le canal de même nom. — *Charenton*, près du confluent de la Marne et de la Seine. Célèbre maison d'aliénés. — *Alfort.* École vétérinaire.

3° A quelque distance et à droite de la Seine :

Vincennes, avec un beau bois de même nom et un château fort. — *Montreuil-sous-Bois*. Pêches renommées. — *Fontenay-sous-Bois*, *Saint-Mandé*, à côté du bois de Vincennes. — *Pantin*. — *Romainville*. — *Aubervilliers* ou *Notre-Dame des Vertus*.

4° A quelque distance et à gauche de la Seine :
Villejuif. — *Gentilly*. Hospice de Bicêtre. — *Arcueil*. Aqueduc. — *Bourg-la-Reine*. Faïence ; commerce de bestiaux. — *Fontenay-aux-Roses*. Joli village. Grande culture de roses et de fraises. — *Montrouge*, *Vanves*, *Bagneux*, *Châtillon*, *Clamart*. Carrières de belles pierres de construction. — *Nanterre*. Souvenir de sainte Geneviève. Manufacture d'aluminium.

Départ. de SEINE-ET-OISE.

VERSAILLES, chef-lieu (62 000 hab.). Château et musée historique, jardins et parcs magnifiques. Siége de l'Assemblée nationale et du gouvernement de la France.

Les sous-préfectures sont *Corbeil* blés, farine et *Mantes*, sur la Seine. — *Pontoise*, sur l'Oise. — *Étampes* blés, dans le S. du département. — *Rambouillet* (château et forêt, dans le S. O.

La plus grande ville du département, après Versailles, est *Saint-Germain en Laye*, près de la Seine. Château, avec musée archéologique ; belle forêt. (23 000 hab.)

Autres lieux remarquables : Sur la Seine ou très-près : *Meudon* (bois et ruines d'un château), *Sèvres* (manufacture de porcelaine), *Saint-Cloud* (ruines d'un château, beau parc), *Argenteuil* (figues et vins), *Rueil*, *Bougival*, *Marly* (machine et aqueduc), *Poissy*. — A quelque distance à droite de la Seine : *Montmorency* (forêt), *Enghien* (lac et bains d'eaux minérales); — à gauche : *Saint-Cyr* (école militaire).

Départ. de l'EURE.

ÉVREUX, chef-lieu (13 000 hab.).
Sous-préfectures : *Louviers*, sur l'Eure, avec des fabriques de beaux draps. (12 000 hab.) — *Pont-Audemer*, port sur la Rille. — Les *Andelys*, sur la Seine. — *Bernay*.

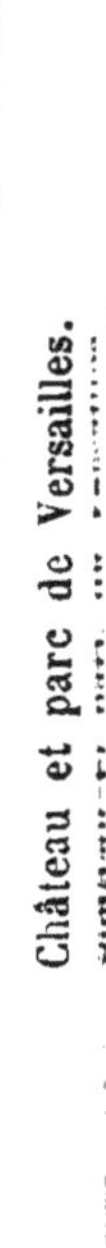

Château et parc de Versailles.

Départ. de la **SEINE-INFÉRIEURE**.

ROUEN, chef-lieu, sur la Seine ; port très-fréquenté. Huitième ville de France. Belles églises gothiques. Teintureries renommées. Fabriques de toiles de coton (*rouenneries*), de faïence, etc. (102 000 hab.)

Sous-préfectures : *Le Havre*, port de mer très-commerçant, à l'embouchure de la Seine (87 000 hab.). — *Dieppe*, autre port. (20 000 habit.). — *Neufchâtel*. Fromages. — *Yvetot*.

Autres lieux remarquables : *Elbœuf*, sur la Seine, avec des fabriques de draps. (23 000 hab.) — *Fécamp*, *Saint-Valery en Caux*, le *Tréport*, ports sur la Manche. — *Eu*. Château et forêt. — *Bolbec*. Fabriques de toiles de coton.

2° Quatre départements dans les bassins de la Marne et de l'Oise, affluents de droite de la Seine.

Départ. de la **HAUTE-MARNE**.

CHAUMONT, chef-lieu, sur la Marne (7000 hab.).

Sous-préfectures : *Langres* (10 000 hab.). Coutellerie renommée. — *Vassy*. Massacre de 1562.

Autres lieux remarquables : *Saint-Dizier*, sur la Marne, la ville la plus considérable du département (11 000 hab.). — *Bourbonne-les-Bains*. Eaux minérales.

Départ. de la **MARNE**.

CHALONS-SUR-MARNE, chef-lieu (16 000 hab.).

Sous-préfectures : *Reims*, la plus grande ville du département, avec une belle cathédrale, où l'on sacrait les rois de France. On y voit aussi la curieuse église de Saint-Remi. Fabriques d'étamines et de casimirs. Commerce de vins de Champagne. (72 000 hab.) — *Épernay*, sur la Marne. Grand commerce de vins. — *Sainte-Menehould*. — *Vitry-le-François*, sur la Marne.

Départ. de l'**AISNE** [1].

LAON, chef-lieu ; place forte (10 000 hab.).

Sous-préfectures : *Saint-Quentin*, la plus grande ville, sur la Somme, avec des fabriques de basins, de gazes, etc. (35 000 hab.). — *Soissons*, sur l'Aisne, siége de l'empire de Clovis et longtemps capitale d'un royaume de même nom, sous les Mérovingiens. (10 000 hab.) — *Vervins*. Traité de 1598. — *Château-Thierry*, patrie de la Fontaine.

Autres lieux remarquables : *Saint-Gobain* et *Chauny*, où l'on fabrique des glaces.

Départ. de l'**OISE**.

BEAUVAIS, chef-lieu. Belle cathédrale. Manufacture de tapisseries, fabriques de draps, tabletterie. Belle résistance de Jeanne Hachette contre les Bourguignons, en 1472. (16 000 h.)

Sous-préfectures : *Compiègne*, vers le confluent de l'Oise et de l'Aisne. Château et forêt. (12 000 hab.) — *Clermont en Beauvaisis*. — *Senlis*.

Autres lieux remarquables : *Noyon*, *Méru* (tabletterie). — *Chantilly*. Château et forêt.

3° Deux départements dans les bassins de l'Yonne et du cours supérieur de l'Eure, affluents de gauche de la Seine.

Départ. de l'**YONNE**.

AUXERRE, chef-lieu, sur l'Yonne. Commerce de vins. (16 000 hab.)

Sous-préfectures : *Sens*, sur l'Yonne, avec une belle cathédrale. (12 000 hab.) — *Avallon*. — *Joigny* et *Tonnerre*. Vins.

---

1 Prononcez *Aine*. On a établi l'usage très-convenable de supprimer la lettre *s*, et de la remplacer par un accent circonflexe, dans les mots *île*, *Bâle*, *Nîmes*, etc. Il serait rationnel de faire une réforme semblable pour le mot *Aisne*, et l'on devrait écrire *Aîne*; mais l'usage n'admet pas encore cette orthographe.

Départ. d'EURE-ET-LOIR.

CHARTRES, chef-lieu, sur l'Eure. Belle cathédrale. Commerce de grains et de chevaux. (20 000 hab.)

Sous-préfectures : *Dreux*, où se livra une grande bataille entre les catholiques et les protestants en 1562. — *Châteaudun*. Belle défense en 1870. — *Nogent-le-Rotrou*.

Autre lieu remarquable : *Maintenon*. Château.

BASSIN DE L'ORNE.

Départ. de l'ORNE.

ALENÇON, chef-lieu, sur la Sarthe. Fabriques de toiles et de dentelles. (16 000 hab.)

Sous-préfectures : *Argentan*. — *Mortagne*. — *Domfront*.

Autres lieux remarquables : *Flers* (11 000 hab.). Fabriques de coutils et de toiles. — *Laigle*, renommée par ses aiguilles et ses épingles.

Départ. du CALVADOS.

CAEN, chef-lieu, sur l'Orne, avec un port (41 000 hab.). Patrie du poëte Malherbe.

Sous-préfectures : *Lisieux*, avec des fabriques de lainages et de toiles. (13 000 hab.) — *Falaise*. Teintureries, fabriques de bonneterie et foires célèbres. — *Bayeux*. Dentelles renommées. — *Vire*. — *Pont-l'Évêque*.

Autres lieux remarquables : *Honfleur*, port sur la Seine. — *Trouville*, port de mer. — *Isigny*. Beurre et cidre.

BASSINS DE LA VIRE ET DE LA RANCE.

Départ. de la MANCHE.

SAINT-LÔ, chef-lieu sur la Vire (10 000 hab.).
Sous-préfectures : *Cherbourg*, la plus grande ville, impor-

tant port militaire. (36 000 hab.) — *Valognes.* — *Coutances.* — *Avranches.* — *Mortain.*

Autre lieu remarquable: *Granville* 15 000 hab.), port commerçant.

Départ. des **COTES-DU-NORD.**

SAINT-BRIEUC, chef-lieu 15 000 hab.).

Sous-préfectures : *Dinan*, port sur la Rance. — *Lannion.* — *Guingamp.* — *Loudéac.*

VERSANT DE L'ATLANTIQUE PROPREMENT DIT ET DE LA MER DE FRANCE.

—

BASSINS DE L'AULNE. DU BLAVET ET DE LA VILAINE.

Départ. du **FINISTERRE.**

QUIMPER-CORENTIN, ou simplement QUIMPER, chef-lieu 13 000 hab..

Sous-préfectures : *Brest.* la plus grande ville du département. port militaire, le plus beau et le plus sûr de la France, à côté d'une vaste rade de même nom. 66 000 hab.) — *Morlaix,* port sur la rivière de même nom, vers la Manche. (14 000 hab. — *Châteaulin.* — *Quimperlé.*

Départ. du **MORBIHAN.**

VANNES, chef-lieu, vers le golfe du Morbihan 15 000 h..

Sous-préfectures : *Lorient.* la plus importante ville du département. port militaire sur le Blavet et le Scorff, à peu de distance de la mer. (35 000 hab.) — *Pontivy* (ci-devant *Napoléonville* . — *Ploermel.*

Départ. d'**ILLE-ET-VILAINE.**

RENNES, chef-lieu, au confluent de l'Ille et de la Vilaine 52 000 hab. .

Sous-préfectures : *Saint-Malo,* célèbre port de mer. à

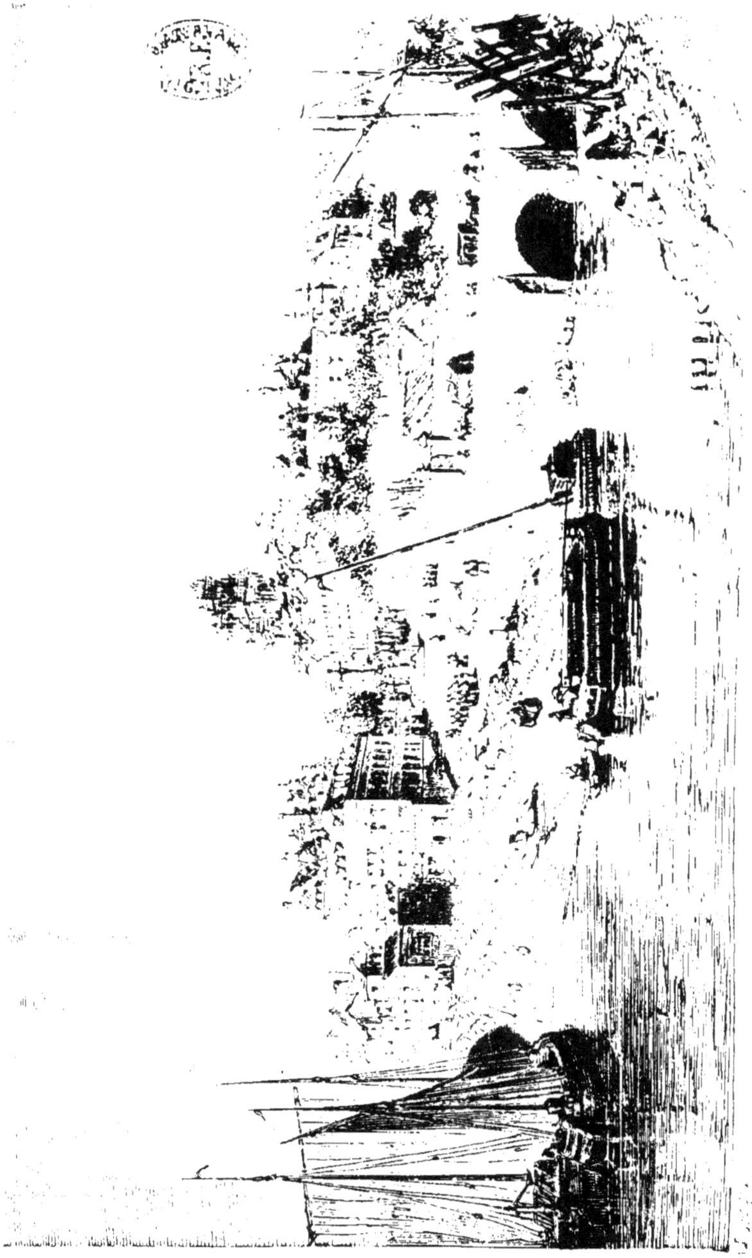

Rennes.

l'embouchure de la Rance. Patrie de Chateaubriand et de Duguay-Trouin. (12 000 hab.) — *Fougères.* — *Vitré.* — *Redon.* — *Montfort-sur-Meu.*

Autre lieu remarquable : *Saint-Servan*, très-près de Saint-Malo, vers l'embouchure de la Rance. 13 000 hab.

BASSIN DE LA LOIRE.

1° *Huit départements traversés par la Loire.*

Départ. de la **HAUTE-LOIRE**.

LE PUY, chef-lieu, près de la Loire. Fabriques de dentelles et de blondes. (20 000 hab.)

Sous-préfectures : *Brioude*, sur l'Allier, et *Issingeaux*.

Départ. de la **LOIRE**.

SAINT-ÉTIENNE, chef-lieu. Manufactures d'armes; fabriques de quincaillerie, de coutellerie, de rubans, etc.; mines de charbon de terre. Huitième ville de France (111 000 h.).

Sous-préfectures : *Roanne*, sur la Loire (20 000 hab.). — *Montbrison*, longtemps chef-lieu du département.

Autres lieux remarquables : *Rive-de-Gier* (14 000 hab. et *Saint-Chamond* (13 000 hab.), importantes par leurs mines de charbon de terre et leurs fabriques d'acier, de rubanerie et de clouterie; — *Saint-Galmier*, par ses eaux minérales.

Le département de Saône-et-Loire, qui est, sur un très-court espace, traversé par la Loire, sera décrit dans le bassin de la Saône.)

Départ. de la **NIÈVRE**.

NEVERS, sur la Loire, près du confluent de la Nièvre. Commerce de fer, de bois, de faïence et de vins. Forges importantes dans le voisinage. (22 000 hab.)

Sous-préfectures : *Cosne* (prononcez *Cône*), sur la Loire, importante par le commerce du fer. — *Clamecy*, sur l'Yonne, par le commerce du bois. — *Château-Chinon.*

Départ. du **LOIRET**.

ORLÉANS, chef-lieu, sur la Loire. Illustrée par la défense de Jeanne Darc, en 1428. — Batailles dans la ville et au voisinage entre les Français et les Prussiens en 1870. Belle cathédrale. Fabriques de couvertures de laine, industrie du coton, commerce de vins, de vinaigre et de bois. (50 000 h.)
Sous-préfectures : *Montargis*. — *Gien*, sur la Loire. — *Pithiviers*.
Autre lieu remarquable : *Beaugency* (vins), sur la Loire.

Départ. de **LOIR-ET-CHER**.

BLOIS, chef-lieu, sur la Loire. Ancien château où naquit Louis XII, résidèrent François Ier, Charles IX et Henri III. (20 000 hab.). Dans le voisinage est le château de *Chambord*.
Sous-préfectures : *Vendôme*, sur le Loir. — *Romorantin*.

Départ. d'**INDRE-ET-LOIRE**.

TOURS, chef-lieu, sur la Loire et près du Cher. Cathédrale remarquable. (43 000 hab.) Dans le voisinage, plusieurs anciennes résidences royales, et la colonie agricole de *Mettray* pour les jeunes détenus.
Sous-préfectures : *Chinon*, sur la Vienne. Château qui fut le siége de la cour de Charles VII. — *Loches*, sur l'Indre. Ancien château.
Autre lieu remarquable : *Amboise*, sur la Loire. Château où résidèrent plusieurs rois de la famille des Valois.

Départ. de **MAINE-ET-LOIRE**.

ANGERS, chef-lieu, sur la Maine. Commerce de vins, de bestiaux et d'ardoises. (58 000 hab.)
Sous-préfectures : *Saumur*, sur la Loire (13 000 hab.). — *Cholet*, avec des fabriques de toiles et de mouchoirs, et un commerce de bœufs. (13 000 hab.) — *Segré*. — *Baugé*.

Départ. de la **LOIRE-INFÉRIEURE**.

NANTES, chef-lieu, sur la Loire. Port très-commerçant.
(119 000 hab.). Septième ville de France.

Sous-préfectures : *Saint-Nazaire*, port à l'embouchure de
la Loire (20 000 hab.). — *Châteaubriant*. Château. — *An-
cenis* et *Paimbœuf*, ports sur la Loire.

*2° Deux départements dans les bassins de la Sarthe
et de la Mayenne, à droite de la Loire.*

Départ. de la **SARTHE**.

LE MANS, chef-lieu sur la Sarthe. Commerce de bougies
et de toiles. (47 000 hab.)

Sous-préfectures : *La Flèche*, sur le Loir, avec un prytanée
militaire. — *Saint-Calais*. — *Mamers*.

Départ. de la **MAYENNE**.

LAVAL, chef-lieu, sur la Mayenne. Commerce de fil et de
toile. (26 000 hab.)

Sous-préfectures : *Mayenne*, sur la rivière de même nom,
commerce de toiles. (10 000 hab.) — *Château-Gontier*, sur
la Mayenne.

*3° Deux départements sur la rive gauche de la Loire
et dans les bassins de l'Allier et du Cher.*

Départ. de l'**ALLIER**.

MOULINS, chef-lieu, sur l'Allier (20 000 hab.).

Sous-préfectures : *Montluçon*, la ville la plus industrieuse
du département, sur le Cher. Manufacture de glaces.
(21 000 hab.) — *Gannat*. — *La Palisse*.

Autres lieux remarquables : *Commentry* (12 000 hab.).
Grandes forges et mines de charbon de terre. — *Vichy*. Eaux
minérales très-renommées.

Départ. du **CHER.**

BOURGES, chef-lieu. Fabriques de draps et de toiles peintes ; forges. Belle cathédrale. (31 000 hab.)

Sous-préfectures : *Sancerre*. Siége de 1573. — *Saint-Amand-Montrond.*

Autre lieu remarquable : *Vierzon*, sur le Cher, ville intéressante par ses forges et sa manufacture de porcelaine.

4° Cinq départements dans les bassins de l'Allier, de l'Indre et de la Vienne, affluents de gauche de la Loire.

Départ. du **PUY-DE-DOME** (ainsi nommé d'une des principales montagnes d'Auvergne).

CLERMONT-FERRAND, chef-lieu. Étoffes de laine. Pâtes renommées, dites *d'Auvergne*. (37 000 hab.)

Sous-préfectures : *Thiers*, la ville essentiellement industrielle du département, importante par sa coutellerie, ses papeteries et ses tanneries. (17 000 hab.) — *Riom* (11 000 h.), remarquable par son industrie. — *Ambert.* — *Issoire.*

Autre lieu remarquable : les *Bains du Mont-Dore.*

Départ. de la **CREUSE.**

GUÉRET, chef-lieu (6000 hab.).

Sous-préfectures : *Aubusson*, sur la Creuse, la ville la plus importante du département, avec des manufactures de tapis et de tapisseries. — *Bourganeuf.* — *Boussac.*

Départ. de l'**INDRE.**

CHATEAUROUX, chef-lieu, sur l'Indre. Commerce de draps et de bestiaux. (19 000 hab.)

Sous-préfectures : *Issoudun.* Fabriques de draps et de parchemin, et commerce de fer. (14 000 hab.) — *La Châtre.* — *Le Blanc.*

Départ. de la **HAUTE-VIENNE**.

LIMOGES, chef-lieu, sur la Vienne. Fabriques de porcelaine et de lainage. (55 000 hab.)

Sous-préfectures : *Saint-Yrieix*. Carrières de kaolin et fabriques de porcelaine. — *Bellac.* — *Rochechouart.*

Départ. de la **VIENNE**.

POITIERS, chef-lieu (30 000 hab.). Belle cathédrale. Batailles de 732 et de 1356.

Sous-préfectures : *Châtellerault*, sur la Vienne. Manufacture d'armes, coutellerie renommée. (16 000 hab.) — *Loudun*. — *Montmorillon*. — *Civray*.

BASSINS DE LA SÈVRE NIORTAISE ET DE LA CHARENTE.

Départ. des **DEUX-SÈVRES**.

NIORT, chef-lieu, sur la Sèvre Niortaise (21 000 hab.).

Sous-préfectures : *Parthenay*. Belle race de bestiaux. — *Melle*. Mulets renommés. — *Bressuire*.

Départ. de la **VENDÉE**.

LA ROCHE-SUR-YON (appelée, sous les deux empires, NAPOLÉON-VENDÉE, et sous les Bourbons, BOURBON-VENDÉE), chef-lieu. (9000 hab.)

Sous-préfectures : *Fontenay-le-Comte*, sur la Vendée. — *Les Sables d'Olonne*, port.

Départ. de la **CHARENTE**.

ANGOULÊME, chef-lieu, sur la Charente. Fabriques de beau papier, de lainages et de faïence. (26 000 hab.)

Sous-préfectures : *Cognac*, sur la Charente. Eaux-de-vie renommées. (14 000 hab.) — *Ruffec.* — *Barbezieux.* — *Confolens.*

Limoges.

Départ. de la **CHARENTE-INFÉRIEURE**.

La Rochelle, chef-lieu, port de mer. Manufactures de faïence, commerce d'eaux-de-vie. (20 000 hab.) Siége fameux de 1628, contre Richelieu.

Sous-préfectures : *Rochefort*, la plus grande ville du département, port militaire sur la Charente, près de son embouchure. (30 000 hab.) — *Saintes*, sur la Charente. Commerce d'eaux-de-vie renommées. (12 000 habit.) — *Saint-Jean d'Angély*. — *Jonzac*. — *Marennes*, port.

BASSIN DE LA GARONNE (AVEC LA GIRONDE).

1° Trois départements dans le bassin particulier de la Dordogne et sur le versant sud des montagnes de l'Auvergne et du Limousin.

Départ. du **CANTAL**.

Aurillac, chef-lieu. Commerce de dentelles, de chaudronnerie et de bestiaux. Patrie de Gerbert. (11 000 hab.)

Sous-préfectures : *Saint-Flour*, sur une masse de rochers basaltiques. — *Mauriac*. — *Murat*.

Départ. de la **CORRÈZE**.

Tulle, chef-lieu, sur la Corrèze. Manufacture d'armes. Commerce de fer et de cuivre. (14 000 hab.)

Sous-préfectures : *Brive*, sur la Corrèze (11 000 hab.). — *Ussel*.

Départ. de la **DORDOGNE**.

Périgueux, chef-lieu, sur l'Ile (22 000 hab.). Belle cathédrale. Antiquités romaines.

Sous-préfectures : *Bergerac*, sur la Dordogne. Vins renommés. (12 000 hab.) — *Nontron*. — *Ribérac*. — *Sarlat*.

Toulouse.

2° Quatre départements traversés par la Garonne.

Départ. de la **HAUTE-GARONNE**.

TOULOUSE, chef-lieu, sur la Garonne, vers la jonction du canal du Midi. Bel hôtel de ville, nommé le Capitole. Fabriques de faux et de limes renommées. Sixième ville de France. (125 000 hab.)

Sous-préfectures : *Muret*, — *Saint-Gaudens*, toutes deux sur la Garonne. — *Villefranche de Lauraguais*.

Autre lieu remarquable : *Bagnères de Luchon*. Eaux minérales célèbres.

Départ. de **TARN-ET-GARONNE**.

MONTAUBAN, chef-lieu, sur le Tarn. Industrie du coton, de la laine et de la soie. (26 000 hab.)

Sous-préfectures : *Moissac*, sur le Tarn ; restes d'une abbaye célèbre. - - *Castel-Sarrasin*.

Départ. de **LOT-ET-GARONNE**.

AGEN, chef-lieu, sur la Garonne. Commerce de minoterie (de farine) et de prunes renommées. (19 000 hab.)

Sous-préfectures : *Villeneuve-sur-Lot* (14 000 hab.). — *Marmande*, sur la Garonne. — *Nérac*.

Départ. de la **GIRONDE**.

BORDEAUX, chef-lieu, sur la Garonne, au milieu des vignobles les plus abondants de la France. Très-belle ville, la quatrième de la France par sa population, qui s'élève à 200 000 hab. Beau port.

Sous-préfectures : *Libourne*, port commerçant, sur la Dordogne (15 000 hab.). — *Lesparre*, dans le pays de Médoc, riche en vins. — *La Réole*, sur la Garonne. — *Blaye*, sur la Gironde. — *Bazas*.

Autres lieux remarquables : *Coutras. Castillon*. Batailles célèbres.

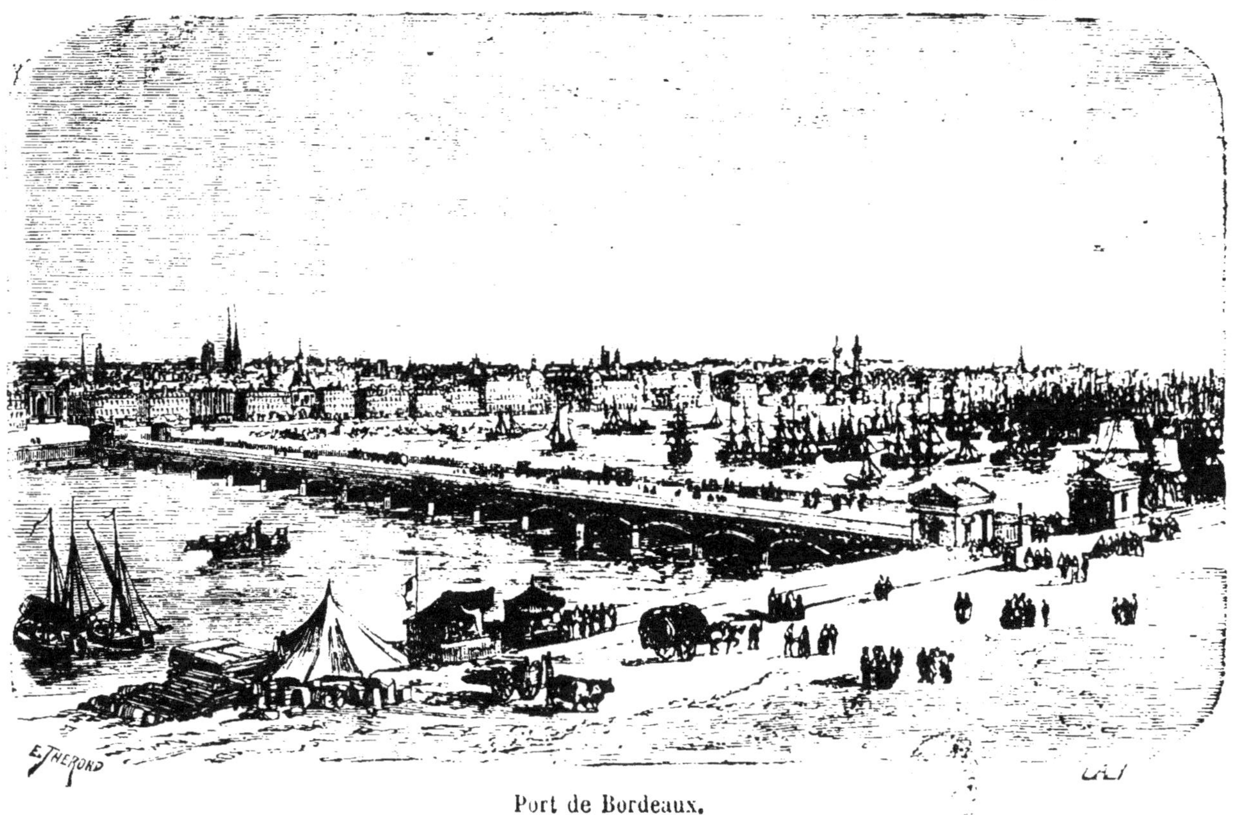

Port de Bordeaux.

3° Cinq départements à droite de la Garonne.

Départ. de l'ARIÉGE.

FOIX, chef-lieu, sur l'Ariége. Commerce d'acier et de limes.
(7000 hab.)
Sous-préfectures : *Pamiers*, sur l'Ariége. Commerce de
faux et de limes. — *Saint-Girons*. Forges.

Départ. du TARN.

ALBI, chef-lieu, sur le Tarn. Belle cathédrale. (17 000 h.)
Sous-préfectures : *Castres*, la plus grande ville de ce dépar-
tement. Fabriques de draps. (23 000 hab.) — *Lavaur*. —
Gaillac.
Autre lieu remarquable : *Mazamet*. Fabriques de draps.
(14 000 hab.)

Départ. de la LOZÉRE (ainsi nommé d'une montagne des Cévennes).

MENDE, chef-lieu, sur le Lot. Fabriques de serges.
(7000 hab.)
Sous-préfectures : *Marvejols*, qui fabrique des étoffes de
laine. — *Florac*.

Départ. de l'AVEYRON.

RODEZ, chef-lieu, sur l'Aveyron. Belle cathédrale. Fabriques de lainages. (12 000 hab.)
Sous-préfectures : *Millau*, sur le Tarn, avec une grande
industrie des peaux. (15 000 hab.) — *Villefranche d'Aveyron* ou *Villefranche de Rouergue*, sur l'Aveyron. Siége
d'une industrie active, surtout pour les fers. (10 000 hab.)
— *Espalion*. — *Saint-Affrique*.

Départ. du LOT.

CAHORS, chef-lieu, sur le Lot. Vins estimés. (15 000 h.)
Sous-préfectures : *Figeac*. — *Gourdon*.

4° *Un département à gauche de la Garonne.*

Départ. du **GERS**.

AUCH, chef-lieu, sur le Gers. Magnifique cathédrale. (13 000 hab.)

Sous-préfectures : *Condom*. Commerce de vins et d'eaux-de-vie d'Armagnac. — *Lectoure*. — *Lombez*. — *Mirande*.

BASSIN DE L'ADOUR.

Départ. des **HAUTES-PYRÉNÉES**.

TARBES, chef-lieu, sur l'Adour (17 000 hab.).

Sous-préfectures : *Bagnères de Bigorre*. Eaux minérales renommées.

Sources minérales de *Baréges, Saint-Sauveur, Cauterets*.

Départ. des **BASSES-PYRÉNÉES**.

PAU, chef-lieu. Château où est né Henri IV. 27 000 hab.

Sous-préfectures : *Bayonne*, sur l'Adour, près de son embouchure. Port très-commerçant et célèbre place forte. (27 000 hab.) — *Oloron*. — *Orthez*. — *Mauléon*.

Célèbre établissement thermal des *Eaux-Bonnes*.

Départ. des **LANDES**.

MONT-DE-MARSAN, chef-lieu, sur la Midouze. Commerce de vins, d'eau-de-vie, de liége et de résine. (9000 hab.)

Sous-préfectures : *Dax*, sur l'Adour. Commerce de bois de pin et de résine, eaux thermales. — *Saint-Sever*.

VERSANT DE LA MÉDITERRANÉE.

—

BASSINS DE LA TET, DE L'AUDE ET DE L'HÉRAULT.

Départ. des PYRÉNÉES-ORIENTALES.

PERPIGNAN, chef-lieu, à peu de distance de la Méditerranée, sur la Tet. Place forte. Commerce de vins. (27 000 hab.)

Sous-préfectures : *Céret*, près de laquelle est l'établissement thermal d'*Amélie-les-Bains*. — *Prades*.

Départ. de l'AUDE.

CARCASSONNE, chef-lieu, sur l'Aude (24 000 hab.).

Sous-préfectures : *Castelnaudary* (10 000 hab), sur le canal du Midi. — *Narbonne*, ville très-ancienne, près de la Méditerranée, à laquelle elle communique par un canal. Belle cathédrale. Commerce de miel renommé. (17 000 hab.) — *Limoux*. Vins renommés.

Départ. de l'HÉRAULT.

MONTPELLIER, chef-lieu. Belle place du Peyrou. Célèbre école de médecine et beau jardin botanique. Fabriques d'étoffes de laine, de siamoises et de vert-de-gris ; commerce de vins et d'eaux-de-vie. (57 000 hab.)

Sous-préfectures : *Béziers*, sur le canal du Midi (31 000 hab.). — *Lodève*. Fabriques de draps. — *Saint-Pons, de Thomières*.

Autres lieux remarquables : *Cette*, port très-important, sur une langue de terre qui sépare l'étang de Thau de la Méditerranée : commerce d'eaux-de-vie, de vins, de liqueurs, etc. (21 000 hab.) — *Agde*, port sur l'Hérault (10 000 hab.). — *Lunel* et *Frontignan*. Vins renommés.

—————

Lyon.

BASSIN DU RHÔNE.

1° Quatre départements sur la rive droite du Rhône.

Départ. de l'AIN.

BOURG, chef-lieu. Belle église de Brou. (14 000 hab.)
Sous-préfectures : *Belley*, près du Rhône. — *Gex*. —
Nantua. — *Trévoux*, sur la Saône.

Départ. du RHONE.

LYON, chef-lieu, au confluent du Rhône et de la Saône.
Seconde ville de France (325 000 hab.). On y remarque
l'hôtel de ville, le palais Saint-Pierre, le palais du Commerce,
la cathédrale Saint-Jean, la place Bellecour, la place des
Terreaux, le parc de la Tête-d'Or, etc. Nombreuses fabriques
de belles soieries. Commerce très-considérable.
Sous-préfectures : *Villefranche-sur-Saône* (12 000 hab.).
Autre lieu remarquable : *Tarare*, célèbre par ses fabriques
de mousseline. (14 000 hab.)

Départ. de l'ARDÈCHE.

PRIVAS, chef-lieu. Commerce de cuirs. (8000 hab.)
Sous-préfectures : *Annonay*, la ville la plus considérable
du département, avec des papeteries, des mégisseries, des fila-
tures de soie. Les frères Montgolfier y ont inventé les ballons.
(17 000 hab.) — *Tournon*, sur le Rhône. — *Largentière*.

Départ. du GARD.

NÎMES, chef-lieu, près du Gard. Il y a plusieurs monuments antiques, dont les plus remarquables sont l'Amphi-
théâtre (ou les Arènes), la Maison-Carrée, le temple de
Diane et la tour Magne. Manufactures de soieries. (62 000 h.)
— Dans le voisinage, est le magnifique pont du Gard, aqueduc romain.
Sous-préfectures : *Alais*. Fabriques de rubans de soie;

e forges importantes, mines de charbon de terre. (20 000 hab.)
— *Le Vigan*. — *Uzès*.

Autres lieux remarquables : *Beaucaire*, sur le Rhône,
avec des foires célèbres. — *Aigues-Mortes*, ancien port où
s'embarqua saint Louis.

2° *Six départements sur la rive gauche du Rhône.*

Départ. de la **HAUTE-SAVOIE**.

ANNECY, chef-lieu, sur le lac de même nom (12 000 h.).
Sous-préfectures : *Bonneville*. — *Thonon*, sur le lac de
Genève. — *Saint-Julien*.

Départ. de la **SAVOIE**.

CHAMBÉRY, chef-lieu (19 000 hab.).
Sous-préfectures : *Albertville*.—*Moutiers de Tarantaise*.
— *Saint-Jean de Maurienne*.
Aix-les-Bains, près du lac du Bourget, a des eaux miné-
rales célèbres.

Départ. de l'**ISÈRE**.

GRENOBLE, chef-lieu, sur l'Isère, place forte. Ganterie
renommée. (43 000 hab.)
Sous-préfectures : *Vienne*, sur le Rhône. Fabriques de
draps; mines de plomb argentifère. (26 000 hab.) — *Saint-
Marcellin*. — *La Tour-du-Pin*.
La *Grande-Chartreuse* est un célèbre monastère au N. de
Grenoble.

Départ. de la **DROME**.

VALENCE, chef-lieu, sur le Rhône (21 000 hab.).
Sous-préfectures : *Montélimar*, commerçante en soie.
(11 000 hab.) — *Nyons*. — *Die*.
Lieu remarquable : *Romans*, sur l'Isère (13 000 hab.).

Départ. de **VAUCLUSE**.

AVIGNON, chef-lieu, sur le Rhône. Cette ville a été longtemps la résidence des papes. On y remarque surtout leur

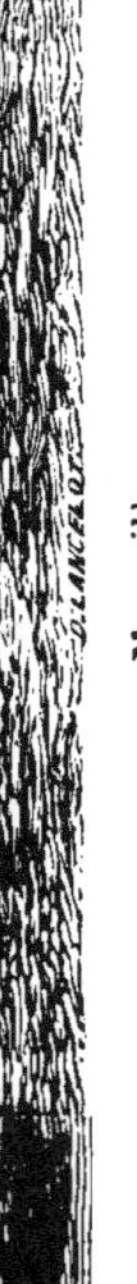

Marseille.

a ancien palais. Commerce de vins, de soieries, d'huiles, de parfums et de garance. (38 000 hab.)

Sous-préfectures : *Carpentras*, ancienne capitale du Comtat Venaissin (11 000 hab.). — *Orange*, ancienne capitale d'une principauté de même nom, et curieuse par ses monuments romains. (10 000 hab.)— *Apt*.

Départ. des **BOUCHES-DU-RHONE**.

MARSEILLE, chef-lieu, sur le golfe du Lion ; notre premier port de commerce. C'est la troisième ville de France par sa population, qui est de 313 000 habit. Fabriques de savon renommé. Grand commerce d'huile, de blé et de toutes les marchandises du monde.

Sous-préfectures : *Aix*, dont l'huile d'olive est très-estimée et qui a des eaux minérales. (29 000 hab.) — *Arles*, sur le Rhône, avec d'anciens monuments fort curieux. (25 000 hab.)

Autre lieu remarquable : *Tarascon*, sur le Rhône. Chapellerie. (11 000 hab.)

3° *Cinq départements à droite du Rhône, dans le bassin de la Saône, à l'ouest du mont Jura.*

Départ. de la **HAUTE-SAONE**.

VESOUL, chef-lieu (8000 hab.).
Sous-préfectures : *Gray*, sur la Saône, commerçante en grains et en fer. — *Lure*.
Autre lieu remarquable : *Luxeuil*. Eaux minérales.

Départ. de la **COTE-D'OR**.

DIJON (43 000 hab.), chef-lieu, sur l'Ouche, affluent de la Saône, et sur le canal de Bourgogne. Belle ville, cathédrale remarquable.

Sous-préfectures : *Beaune*. Excellents vins. (11 000 hab.) — *Semur*. — *Châtillon-sur-Seine*.

Autres lieux remarquables : *Auxonne*, sur la Saône. — *Montbard*, patrie de Buffon. — Plusieurs localités fameuses par leurs vignobles, sur le versant de la Côte d'Or.

Départ. de **SAONE-ET-LOIRE**.

MACON, chef-lieu, sur la Saône. Vins renommés. Patrie de Lamartine. (18 000 hab.)

Sous-préfectures : *Châlon-sur-Saône*, à la jonction du canal du Centre et de la Saône (20 000 hab.). — *Autun*, ville intéressante par ses antiquités. (12 000 hab.) — *Charolles*. Bœufs renommés. — *Louhans*.

Autres lieux remarquables : *Le Creusot*, avec des mines de charbon de terre, des forges célèbres et un grand établissement pour la construction des machines à vapeur. (23 000 hab.) — *Cluny*, célèbre par son ancienne abbaye, qui est aujourd'hui occupée par l'École normale de l'enseignement secondaire spécial.

Départ. du **JURA**.

LONS-LE-SAUNIER, chef-lieu. Salines. (11 000 hab.)

Sous-préfectures : *Dôle*, la plus grande ville du départ., sur le Doubs (12 000 hab.). — *Saint-Claude*. Fabriques renommées de toutes sortes d'ouvrages de bois, de corne, d'écaille et d'ivoire. — *Poligny*.

Lieu remarquable : *Salins*, qui a d'importantes salines.

Départ. du **DOUBS**.

BESANÇON, chef-lieu, place forte, sur le Doubs. Commerce d'horlogerie. (49 000 hab.)

Sous-préfectures : *Montbéliard.* — *Baume-les-Dames.* — *Pontarlier.*

4° Deux départements à gauche du Rhône, dans le bassin de la Durance, sur le versant O. des Alpes.

Départ. des **HAUTES-ALPES**.

GAP, chef-lieu (9000 hab.).

Sous-préfectures : *Briançon* et *Embrun*, deux célèbres places fortes, dans la vallée de la Durance.

Départ. des **BASSES-ALPES**.

DIGNE, chef-lieu (7000 hab.).

Sous-préfectures : *Castellane*. — *Barcelonnette*. — *Sisteron*. — *Forcalquier*.

Autre lieu remarquable : *Manosque*, commerçante en fruits et en soie.

BASSINS DE L'ARGENS ET DU VAR, ET VERSANT SUD OUEST DES ALPES.

Départ. du **VAR** (qui n'est plus arrosé par la rivière à laquelle il doit son nom).

DRAGUIGNAN, chef-lieu, à peu de distance de l'Argens. (10 000 hab.)

Sous-préfectures : *Toulon*, place forte et beau port militaire, sur la Méditerranée (70 000 hab.). — *Brignoles*.

Nice.

Autres lieux remarquables : *Hyères*, près de la Méditerranée ; climat très-doux. (11 000 hab.) — *Fréjus*, autrefois importante.

Départ. des **ALPES-MARITIMES**.

NICE, chef-lieu, sur la Méditerranée. Climat très-doux, délicieuse situation. (52 000 hab.)

Sous-préfectures : *Grasse*, renommée par ses parfums, ses fruits et ses huiles. (13 000 hab.) — *Puget-Théniers*.

Autres lieux remarquables : *Cannes*, *Menton*, connues par la douceur de leur climat.

La principauté de *Monaco* est enclavée dans ce département.

ILE DE CORSE.

Départ. de la **CORSE**.

Cette île est plus voisine de l'Italie que de la France, et se trouve très-près au N. de l'île de Sardaigne, dont les Bouches de Bonifacio la séparent.

AJACCIO, chef-lieu, sur la côte occidentale, a un beau port. C'est le lieu de naissance de Napoléon Ier. (17 000 h.)

Sous-préfectures : *Bastia*, place forte et port, sur la côte orientale (18 000 hab.). — *Corté*. — *Calvi*. — *Sartène*.

GÉOGRAPHIE AGRICOLE, INDUSTRIELLE ET COMMERCIALE.

CLIMAT, ZONES DE CULTURE ET PRODUCTIONS VÉGÉTALES.

Le S. E. de la France est la région la plus chaude; l'E. a des étés plus chauds que l'O., mais aussi des hivers plus froids et plus secs. Ainsi, des points de la Franche-Comté à la même latitude qu'Angers et Nantes ont une température moyenne d'*hiver* de 5° centigrades au-dessous de celle de ces deux villes, mais aussi une température d'*été* supérieure d'un même nombre de degrés.

La température plus égale et plus humide de nos régions du N. O. et de l'O. est surtout due aux vents d'O. et de

S. O., les plus fréquents de la France et qui viennent de l'océan Atlantique ; elle est une conséquence aussi du *courant du Golfe (Gulf-stream)*, qui, sorti du golfe du Mexique et conservant beaucoup de chaleur, se répand sur toutes les côtes occidentales de l'Europe.

La température moyenne de la France, pour les points placés à peu près au niveau de la mer, est de + 12° centigrades [1].

Celle de Paris est de + 10°,80.

Il y a quatre végétaux, la vigne, le maïs, l'olivier et l'oranger, qui sont soumis à des conditions de climat bien tranchées, car leurs fruits cessent de mûrir au delà d'une latitude particulière, et ils ont fait partager la France en cinq zones distinctes.

La vigne, celle de ces quatre plantes qui s'avance le plus au nord, ne réussit cependant pas dans toute une zone baignée par la Manche, le Pas de Calais et la mer du Nord ; la ligne qui limite au sud les pays privés de vin s'étend à peu près depuis l'endroit où la Meuse quitte la France jusqu'au golfe du Morbihan. — La seconde zone produit du vin, mais n'a pas encore de maïs cultivé en grand ; elle a pour limite méridionale une ligne assez irrégulière tirée depuis les Vosges jusqu'à l'embouchure de la Charente. — La troisième zone, où le maïs croît en même temps que la vigne, mais où l'olivier ne se montre pas encore, est bornée au sud par une ligne qui va du cours moyen du Var au cours inférieur de l'Isère et de là au cours supérieur de l'Aude. — La quatrième, propre à la fois à l'olivier, au maïs et à la vigne, mais où l'on ne trouve pas encore d'orangers, est limitée au sud par le golfe du Lion et par une ligne tirée de la partie orientale de ce golfe au cours inférieur du Var. — La cinquième zone, enfin, où mûrissent, tout ensemble, le raisin, le maïs, les olives et les oranges, comprend la région qui borde la Méditerranée à l'est du golfe du Lion.

Plantes alimentaires. — Les principales céréales de la

---

1. Ce signe + signifie au-dessus de zéro. Pour indiquer une température au-dessous de zéro, on se sert de celui-ci : -

France sont le blé ou froment, le seigle, l'avoine, l'orge, le maïs, le sarrasin ou blé noir.

La plus précieuse de toutes ces plantes est le blé. Parmi les régions qui en produisent le plus, on peut citer la Brie et la Beauce, deux pays de plaines situés à peu de distance de Paris, et qui fournissent à cette ville une immense quantité de grain.

Le seigle est la céréale des pays pauvres, parce qu'il vient très-bien dans les lieux où le froment ne peut réussir. Il en est de même du sarrasin (blé noir).

La culture du maïs a lieu particulièrement au midi et à l'est.

La betterave à sucre est surtout cultivée dans les départements du Nord et du Pas-de-Calais.

La culture de la pomme de terre est fort répandue dans toute la France.

Les pommiers et les poiriers abondent particulièrement dans les départements formés de la Normandie, de la Picardie et de la Bretagne ; les pruniers, dans les départements d'Indre-et-Loire, du Var et de Lot-et-Garonne ; les châtaigniers, dans la Marche, le Limousin, l'Auvergne et les Cévennes ; les cerisiers partout ; les orangers, dans la Provence et le comté de Nice.

Plantes textiles. — Le lin le plus estimé est celui des départements du Nord. Cette plante réussit aussi dans les départements formés de la Picardie, de la Normandie, de la Lorraine, de l'Anjou, du Maine, de la Bretagne, du Languedoc et de la Guienne.

Le chanvre est cultivé dans beaucoup de départements.

Les mûriers, qui sont particulièrement utiles pour la nourriture des vers à soie, se trouvent dans le bassin de la Méditerranée.

Bois de construction et de chauffage. — Les parties les plus riches en bois sont les Ardennes, les Vosges, le Jura, la Côte d'Or, les Cévennes, le Nivernais, l'Orléanais, le Berri, les Landes, les Pyrénées, les Alpes, le Var.

Le chêne, le hêtre, le charme, le frêne, le bouleau, le

tremble, l'aune, l'orme, l'érable, le peuplier, le châtaignier, sont les arbres les plus communs des forêts de la France.

Les sapins forment de belles forêts sur le Jura, les Vosges, les Cévennes, les Alpes.

Les pins abondent dans les Pyrénées, les Landes, les Cévennes, etc.

Les mélèzes sont communs dans les Alpes, et les merisiers dans les forêts des Vosges.

Le chêne-liége, dont l'écorce est le liége, se rencontre dans la Gascogne et la Provence.

Les *plantes tinctoriales* les plus intéressantes sont : la garance, cultivée particulièrement dans le département de Vaucluse ; — le safran, dans les départements du Loiret, de Vaucluse, et vers la Charente ; — le pastel ou guède, dans le Tarn et le Calvados ; — le tournesol des teinturiers, dans le département du Gard.

Plantes oléagineuses. — L'olivier donne sa meilleure huile dans les départements des Bouches-du-Rhône, du Var, des Alpes-Maritimes ; on en trouve aussi dans ceux de Vaucluse, de la Drôme, du Gard et de l'Hérault. — Le colza et la navette abondent surtout dans la région du Nord. — Le noyer, assez commun dans toute la France, mais surtout dans la région du Centre, n'est pas précieux seulement par son fruit, il l'est aussi par son bois, très-recherché dans la menuiserie. — Le hêtre fournit l'huile de faîne. — Le pavot donne l'huile d'œillette, et on le cultive en grand dans les départements du Nord, du Pas-de-Calais, de la Somme.

Tabac. — La culture du *tabac* n'est permise que dans un certain nombre de départements : le Nord, le Pas-de-Calais, Ille-et-Vilaine, etc.

Vin, bière, cidre. — La vigne, une des grandes richesses de la France, est cultivée surtout à l'E. et au S. — Les meilleurs vins sont ceux des départements de la Marne (vins de Champagne), de la Côte-d'Or, de l'Yonne et de Saône-et-Loire (vins de Bourgogne), du Jura, du Rhône, de la Loire, de l'Isère, de l'Ardèche, de la Drôme, de Vaucluse, du Gard, de l'Hérault, de l'Aude, des Pyrénées-Orientales, de la Gironde (vins de Bordeaux), de la Dordogne, du Lot, d'Indre-et-Loire, du Loiret et de la Nièvre. — Ceux de la Charente, de la Charente-Inférieure, de la Vienne, du Gers, de l'Hérault, des Basses-Pyrénées, servent à faire les meilleures eaux-de-vie.

Le houblon, qui entre, avec l'orge, dans la composition de la bière, est particulièrement cultivé vers la Somme, l'Escaut et la Moselle.

Les pommes de la Normandie, de la Bretagne et de la Picardie donnent le cidre le plus renommé.

PRODUCTIONS ANIMALES.

La région des abondants herbages, propres à nourrir les plus précieux animaux domestiques, domine surtout dans le N. O. de la France, c'est-à-dire dans cette partie du pays qui reçoit la température humide, mais assez douce, de l'Océan.

Les chevaux les plus estimés sont ceux des départements formés de la Normandie, de la Picardie, de la Flandre, du Perche, du Limousin, de la Bretagne, et ceux des Pyrénées, des Ardennes.

Les meilleurs bœufs sont élevés dans les départements du Calvados et de la Manche, les montagnes des Vosges et du Jura ; les départements de Saône-et-Loire, de la Nièvre, de la Creuse ; les montagnes de l'Auvergne, de la Guienne, du Languedoc et du Limousin ; les départements de Maine-et-Loire, de la Loire-Inférieure, de la Mayenne, de la Sarthe, de la Vienne ; les pays arrosés par la Garonne ; la Camargue.

Dans la moitié méridionale de la France, on se sert généralement des bœufs pour labourer le sol ; — dans le Nord, on emploie les chevaux.

On élève des mulets et des ânes estimés dans les départements des Deux-Sèvres, de la Vienne et de l'Aveyron.

Les porcs sont élevés en grand nombre dans les départements formés de la Champagne, de la Lorraine, de la Bourgogne, du Lyonnais, et dans celui des Basses-Pyrénées.

Les plus beaux moutons se trouvent dans les départements du Nord, de la Somme, des Ardennes, du Jura, de l'Ain, du Cher, de l'Indre, dans les montagnes d'Auvergne, dans les Pyrénées, dans les Alpes, dans l'Aveyron, dans le Languedoc, la Provence, la Normandie, l'Ile-de-France et la Bourgogne. Les chèvres sont communes dans les Alpes et la Corse.

Les oiseaux domestiques les plus utiles sont le coq et la poule, qui donnent lieu à un grand commerce dans les départements formés de la Normandie et du Maine, et dans ceux de la Charente et de l'Ain. — Viennent ensuite les oies, les canards et les dindons.

Les abeilles donnent un miel renommé dans les départements de l'Aude et du Loiret.

Le ver à soie prospère surtout dans le S. E.

PRODUCTIONS MINÉRALES.

Le granit abonde dans les principales chaînes de montagnes, surtout dans les Alpes, les Pyrénées, les Vosges, les Ardennes, les Cévennes et les montagnes de la Bretagne.

Les plus beaux marbres sont ceux des Pyrénées et des Alpes.

Les ardoises sont exploitées principalement dans les Ardennes et dans le département de Maine-et-Loire.

Le kaolin ou la terre à porcelaine se trouve particulièrement dans les montagnes du Limousin.

Il y a de riches salines dans l'E. de la France, et l'on tire aussi une grande quantité de sel des marais salants des côtes de l'Ouest et du Midi.

Il y a dans les montagnes d'Auvergne beaucoup de masses de basalte, qui ont été produites par d'anciens volcans, et qui sont employées pour les constructions.

On n'exploite plus de mines d'or en France; mais plusieurs rivières qui descendent des Alpes, des Cévennes et des Pyrénées, roulent des paillettes de ce métal.

L'argent et le plomb se trouvent ensemble dans le Finistère, le Puy-de-Dôme, la Lozère, l'Isère, la Savoie et l'Ariége.

Les principales mines de cuivre sont dans le département du Rhône.

Le fer est abondant, surtout dans les Ardennes, les Vosges, la Côte-d'Or, le Jura, le département de la Nièvre, le département du Cher, les montagnes du Limousin, les Cévennes, les Alpes et les Pyrénées.

Il y a de grands bancs de charbon de terre dans plusieurs régions de la France. Les principaux bassins houillers sont : 1° vers l'Escaut ; 2° entre la Loire et la Saône, vers le canal du Centre ; 3° entre la Loire et le Rhône ; 4° vers le Cher ; 5° dans les montagnes de l'Auvergne ; 6° vers le Gard ; 7° entre le Lot et l'Aveyron ; 8° dans l'Anjou et le Maine.

On trouve d'importantes mines d'asphalte près de l'extrémité méridionale du mont Jura.

La tourbe abonde vers la Somme, l'Escaut, etc.

GRANDS CENTRES D'INDUSTRIE ET DE COMMERCE.

Versant de la mer du Nord. — BASSIN DU RHIN. — Nous avons perdu les grandes villes industrielles et commerçantes de *Mulhouse* (coton), de *Strasbourg* et de *Metz*.

Nous avons, dans le bassin particulier de la Moselle, *Nancy* (broderies, tapisseries, etc.), et *Lunéville* (faïences).

BASSIN DE LA MEUSE. — *Sedan* (draps), — *Charleville*, attenante à Mézières (clouterie).

BASSIN DE L'ESCAUT. — Grande industrie des tissus (de lin surtout, à *Lille*, *Roubaix*, *Tourcoing*, *Armentières*, *Cambrai*, *Valenciennes*, *Douai*, *Arras*. — Armements pour la pêche et construction de navires, à *Dunkerque*.

Versant de la Manche. — BASSIN DE LA SOMME ET VOISINAGE. — *Saint-Quentin*, *Amiens* et *Abbeville* (tissus de fil et de coton, tapis, moquettes). — *Boulogne* et *Calais* (plumes métalliques, tulles, armements pour la pêche, construction de navires).

BASSIN DE LA SEINE. — *Paris*, foyer d'une industrie immense et très-variée (les *articles de Paris* sont principalement la mercerie, la lingerie, la passementerie, les modes, les bronzes, les plaqués, la bijouterie, l'orfévrerie, l'horlogerie, l'ébénisterie, la tabletterie, la librairie, les instruments de musique, de chirurgie, de physique, de mathématiques, d'optique, la quincaillerie, la carrosserie, la céramique).

Troyes (toiles. — *Rouen* (industrie cotonnière); — *le Havre* (construction et armements de navires); — *Dieppe* (armements pour la pêche, ivoirerie). — *Elbeuf*, *Louviers* et *Reims* draps). — *Langres* et plusieurs autres lieux de la Haute-Marne (fers). — *Épernay*, *Reims* et autres lieux du département de la Marne vins. — *Chartres* (blés de la Beauce, chevaux du Perche. — *Clamecy* bois). — *Saint-Gobain* et *Chauny* (glaces.

BASSINS DE L'ORNE, DE LA VIRE ET LA RANCE. — *Lisieux*, *Caen*, *Bayeux*, *Laigle*, *Flers* et autres villes des départements du Calvados et de l'Orne toiles, dentelles, articles de mercerie. — *Cherbourg* (construction de navires et armements). — *Saint-Malo* armements pour la pêche et construction de navires).

Versant de l'Atlantique proprement dit et de la mer de France. — BASSINS DE L'AULNE, DU BLAVET ET DE LA VILAINE. — *Brest* et *Lorient* (armements, construction de navires. — *Rennes* (toiles, bestiaux, beurres).

BASSIN DE LA LOIRE. — *Saint-Étienne* houille, fers, soieries). — *Nevers*, *Bourges* et *Vierzon* (fers. — *Le Creusot* (fonderies, fabriques de machines, houille). — *Orléans* (tissus de laine et de coton, fruits, vins, vinaigres). — *Tours* et *Angers* (blés, vins, fruits, ardoises. — *Limoges* (lainages, porcelaine). — *Thiers* et *Châtellerault* (coutellerie). — *Laval*, *le Mans* et *Mayenne* (toiles). — *Alençon* et *le Puy* dentelles). — *Nantes* et *Saint-Nazaire* (construction de navires et armements.

BASSIN DE LA CHARENTE. — *Angoulême* (papiers et lainages). — *Cognac* et *Saintes* eaux-de-vie). — *Rochefort* et *la Rochelle* (construction de navires et armements; eaux-de-vie).

BASSIN DE LA GARONNE. — *Toulouse* (articles en métaux : limes, faux, instruments aratoires, etc.). — *Montauban* (coton et soie). — *Agen* (minoterie). — *Bordeaux* (vins, construction de navires, armements); — *Castres* et *Mazamet* (draps). — *Villefranche d'Aveyron* et plusieurs lieux voisins (houille et forges).

BASSIN DE L'ADOUR. — Principaux objets du commerce et de l'industrie : marbres et autres minéraux des Pyrénées, bois et résines des pins des Landes, liége; mais pas de grandes villes industrielles. — *Bayonne* a des chantiers de construction et des armements.

Versant de la Méditerranée. — BASSINS DE LA TET, DE L'AUDE ET DE L'HÉRAULT. — *Perpignan* (vins). — *Narbonne* (miel). — *Carcassonne*, *Lodève* et beaucoup d'autres villes voisines (draps). — *Béziers*, *Montpellier*, *Cette* et autres villes de l'Hérault (vins, eaux-de-vie et liqueurs).

BASSIN DU RHÔNE. — *Lyon*, siége d'une très-importante industrie et d'un vaste commerce (surtout soieries). — *Marseille* (huiles, savons, etc.). — *Valence*, *Avignon* et *Nîmes* (soie). — *Alais* et *Rive-de-Gier* (soie et houille). — *Grenoble* (ganterie). — *Annonay* (mégisserie, soie, papier). — *Tarare* (mousselines). — *Besançon* et plusieurs autres villes de la Franche-Comté (horlogerie). — *Mâcon*, *Châlon-sur-Saône*, *Beaune* et *Dijon* (vins). — *Aix* (huiles).

BASSINS DE L'ARGENS ET DU VAR. — *Toulon*, *Grasse*, *Nice* (huiles, savons, parfums et commerce maritime).

POSSESSIONS FRANÇAISES HORS DE L'EUROPE.

GOUVERNEMENT GÉNÉRAL DE L'ALGÉRIE.

(Sur la côte nord de l'Afrique, avec une population de 3 millions d'habitants.)

Trois départements.

Départ. d'**ALGER**.

ALGER, chef-lieu du département, et capitale de l'Algérie. Port célèbre. (65 000 hab.)

Sous-préfectures : *Blidah*, à côté de bois d'orangers et de citronniers. (12 000 hab.) — *Milianah*.

Départ. de **CONSTANTINE**.

CONSTANTINE, chef-lieu, sur le Rummel (45 000 hab.).

Sous-préfectures : *Bône* (anciennement Hippone), port de mer (12 000 hab.). — *Philippeville*, autre port, sur le golfe de Stora (25 000 hab.). — *Sétif*. — *Guelma*.

Départ. d'**ORAN**.

ORAN, chef-lieu, sur la Méditerranée (47 000 hab.).

Sous-préfectures : *Tlemcen* (22 000 hab. . — *Mostaganem*, port de mer (12 000 hab.). — *Mascara*.

COLONIES.

—

I. — EN AFRIQUE.

Gouvernement du Sénégal (200 000 hab.).

Saint-Louis, chef-lieu du gouvernement, port et place forte, à l'embouchure du Sénégal (15 000 hab.).

Dakar, port près du cap Vert.

Ile de Gorée, également près du cap Vert.

Établissements de la côte de Guinée.

Le seul établissement que nous ayons conservé sur cette côte est *Gabon*, sur un fleuve de même nom.

Mayotte et dépendances, et Sainte-Marie (27 000 h.),

Ile de Mayotte, une des Comores.
Nossi-Bé, sur la côte N. O. de Madagascar.
Ile Sainte-Marie, près de la côte orientale de Madagascar.

Ile de la Réunion (autrefois Bourbon) (177 000 hab.).

Saint-Denis, chef-lieu, sur la côte nord de l'île (36 000 hab.).

II. — EN ASIE.

Dans l'HINDOUSTAN (260 000 hab.) :

Pondichéry, grande et belle ville, chef-lieu des établissements français de l'Hindoustan sur la côte de Coromandel (partie de la côte orientale de l'Hindoustan). (50 000 habitants.

Karikal, sur la même côte (10 000 hab.).

Mahé, sur la côte de Malabar (partie de la côte occidentale de l'Hindoustan (5000 hab.

Chandernagor, dans le Bengale (province du N. E. de l'Hindoustan), sur un bras du Gange (30 000 hab.).

Dans l'INDO-CHINE (environ 1 200 000 hab.) :

La **Basse-Cochinchine**, sur la côte S. E. de l'Indo-Chine, dans les bassins du Don-naï et du Mè-kong. Capitale, *Saï-gon*, avec un bon port, sur la rivière de même nom, affluent du Don-naï.

III. — EN AMÉRIQUE.

Gouvernement de la Guadeloupe (126 000 hab.

Les deux *îles de la Guadeloupe* (la *Grande-Terre* et la *Basse-Terre*, chef-lieu la *Basse-Terre*. Autre ville, *la Pointe-à-Pître*, peuplée de 12 000 hab.

Saint-Pierre, à la Martinique.

Ile de Marie-Galante.
Ile de la Désirade.
Iles des Saintes.
La moitié de l'*île Saint-Martin.*

Gouvernement de la Martinique (150 000 hab.).

Ile de la Martinique. Chef-lieu, *Fort-de-France*, port de la côte occidentale. (10 000 hab.)
Saint-Pierre, port de la même côte. (20 000 hab.)

Guyane française (18 000 hab., sans les indigènes).

Cayenne, chef-lieu, sur une île de même nom.

Iles Saint-Pierre et Miquelon près et au sud de Terre-Neuve). 4500 hab.)

Chef-lieu : *Saint-Pierre.*

IV. — DANS L'OCÉANIE.

Archipel de la Nouvelle-Calédonie (15 000 hab., sans les indigènes).

Ile de la Nouvelle-Calédonie proprement dite, ou *île Balade.* — Sur la côte O., est *Nouméa* ou *Port-de-France*, chef-lieu des possessions françaises de l'archipel.
Ile des Pins.
Iles Loyalty (Ouvéa, Lifou et *Maré).*

Iles Marquises ou **Mendaña** (10 000 hab.).

Ile Nouka-Hiva, etc.

Iles Tahiti (sous le protectorat de la France). (14 000 h.)
Chef-lieu *Papeéte.*

Iles Touamotou et **Gambier** ou **Mangaréva** (sous le protectorat de la France). (8000 hab.)

TABLEAUX DIVERS

—

TABLEAU DES NEUF MINISTÈRES

chargés de l'administration générale du pays, sous la direction de l'Assemblée
nationale et du Président de la république.

Ministère de la justice.
Ministère des affaires étrangères.
Ministère des finances.
Ministère de l'intérieur.
Ministère de la guerre.
Ministère de la marine et des colonies.
Ministère de l'instruction publique, des cultes et des beaux-arts.
Ministère de l'agriculture et du commerce.
Ministère des travaux publics.

TABLEAU DES 22 DIVISIONS MILITAIRES

DIVISIONS MILITAIRES.	DÉPARTEMENTS compris dans les divisions.
1re PARIS	Seine. — Seine-et-Oise. — Oise. — Seine-et-Marne. — Aube. — Yonne. — Loiret. — Eure-et-Loir.
2e ROUEN	Seine-Inférieure. — Eure. — Calvados. — Orne.
3e LILLE	Nord. — Pas-de-Calais. — Somme.
4e CHALONS	Marne. — Aisne. — Ardennes.
5e NANCY	Meuse. — Meurthe-et-Moselle. — Vosges.
6e *	
7e BESANÇON	Doubs. — Jura. — Haute-Marne. — Haute-Saône.
8e LYON	Rhône. — Loire. — Saône-et-Loire. — Ain. — Drôme. — Ardèche. — Côte-d'Or.
9e MARSEILLE	Bouches-du-Rhône. — Var. — Basses-Alpes. — Vaucluse. — Alpes-Maritimes.
10e MONTPELLIER	Hérault. — Aveyron. — Lozère. — Gard.
11e PERPIGNAN	Pyrénées-Orientales. — Ariége. — Aude.
12e TOULOUSE	Haute-Garonne. — Tarn-et-Garonne. — Lot. — Tarn.
13e BAYONNE	Basses-Pyrénées. — Landes. — Gers. — Hautes-Pyrénées.
14e BORDEAUX	Gironde. — Charente-Inférieure. — Dordogne. — Lot-et-Garonne.
15e NANTES	Loire-Inférieure. — Maine-et-Loire. — Deux-Sèvres. — Vendée.
16e RENNES	Ille-et-Vilaine. — Morbihan. — Finistère. — Côtes-du-Nord. — Manche. — Mayenne.
17e BASTIA	Corse.
18e TOURS	Indre-et-Loire. — Sarthe. — Loir-et-Cher. — Vienne.
19e BOURGES	Cher. — Nièvre. — Allier. — Indre.
20e CLERMONT-FERRAND	Puy-de-Dôme. — Haute-Loire. — Cantal.
21e LIMOGES	Haute-Vienne. — Creuse. — Corrèze. — Charente.
22e GRENOBLE	Isère. — Hautes-Alpes. — Savoie. — Haute-Savoie.

* La 6e division avait pour chef-lieu Strasbourg : son numéro reste provisoirement; les divisions suivantes ne changent pas de numéro.

TABLEAU DES 17 ARCHEVÊCHÉS ET DES 69 ÉVÊCHÉS

ARCHEVÊCHÉS.	ÉVÊCHÉS SUFFRAGANTS.
Aix	Gap, Digne, Marseille, Fréjus, Ajaccio.
Albi	Mende, Rodez, Cahors, Perpignan.
Auch	Tarbes, Aire, Bayonne.
Avignon	Valence, Viviers, Nîmes, Montpellier.
Besançon	Verdun, Metz, Nancy, Strasbourg, Saint-Dié, Belley.
Bordeaux	Luçon, Poitiers, la Rochelle, Angoulême, Périgueux, Agen.
Bourges	Limoges, Clermont-Ferrand, Tulle, Saint-Flour, le Puy.
Cambrai	Arras.
Chambéry	Annecy, Moutiers de Tarantaise, Saint-Jean de Maurienne.
Lyon	Langres, Dijon, Autun, Saint-Claude, Grenoble.
Paris	Meaux, Versailles, Chartres, Orléans, Blois.
Reims	Amiens, Beauvais, Soissons, Châlons-sur-Marne.
Rennes	Vannes, Saint-Brieuc, Quimper.
Rouen	Evreux, Bayeux, Contances, Sées.
Sens	Troyes, Nevers, Moulins.
Toulouse	Montauban, Carcassonne, Pamiers.
Tours	Le Mans, Laval, Nantes, Angers.
	Nice est suffragant de Gênes, en Italie.
	Alger est le siége d'un archevêché, ayant pour suffragants les évêchés de Constantine et d'Oran.

TABLEAU DES 16 ACADÉMIES UNIVERSITAIRES

SIÉGES DES ACADÉMIES.	DÉPARTEMENTS COMPRIS DANS LES ACADÉMIES.
Aix	Basses-Alpes, Alpes-Maritimes, Bouches-du-Rhône, Corse, Var, Vaucluse.
Besançon	Doubs, Jura, Haute-Saône.
Bordeaux	Dordogne, Gironde, Landes, Lot-et-Garonne, Basses-Pyrénées.
Caen	Calvados, Eure, Manche, Orne, Sarthe, Seine-Inférieure.
Chambéry	Savoie, Haute-Savoie.
Clermont	Allier, Cantal, Corrèze, Creuse, Haute-Loire, Puy-de-Dôme.
Dijon	Aube, Côte-d'Or, Haute-Marne, Nièvre, Yonne.
Douai	Aisne, Ardennes, Nord, Pas-de-Calais, Somme.
Grenoble	Hautes-Alpes, Ardèche, Drôme, Isère.
Lyon	Ain, Loire, Rhône, Saône-et-Loire.
Montpellier	Aude, Gard, Hérault, Lozère, Pyrénées-Orientales.
Nancy	Meurthe-et-Moselle, Meuse, Vosges.
Paris	Cher, Eure-et-Loir, Loir-et-Cher, Loiret, Marne, Oise, Seine, Seine-et-Marne, Seine-et-Oise.
Poitiers	Charente, Charente-Inférieure, Indre, Indre-et-Loire, Deux-Sèvres, Vendée, Vienne, Haute-Vienne.
Rennes	Côtes-du-Nord, Finistère, Ille-et-Vilaine, Loire-Inférieure, Maine-et-Loire, Mayenne, Morbihan.
Toulouse	Ariége, Aveyron, Haute-Garonne, Gers, Lot, Hautes-Pyrénées, Tarn, Tarn-et-Garonne.
	Alger est le siége d'une académie qui embrasse l'Algérie.

TABLEAU DES 26 COURS D'APPEL

ET DE LEURS RESSORTS.

COURS D'APPEL.	DÉPARTEMENTS DU RESSORT.
Agen. . . .	Gers. / Lot. / Lot-et-Garonne.
Aix.	Alpes (Basses-). / Alpes-Maritimes. / Bouches-du-Rhône. / Var.
Amiens. . .	Aisne. / Oise. / Somme.
Angers. . .	Maine-et-Loire. / Mayenne. / Sarthe.
Bastia. . . .	Corse.
Besançon. .	Doubs. / Jura. / Saône (Haute-).
Bordeaux. .	Charente. / Dordogne. / Gironde.
Bourges. . .	Cher. / Indre. / Nièvre.
Caen.	Calvados. / Manche. / Orne.
Chambéry. .	Savoie. / Haute-Savoie.
Dijon. . . .	Côte-d'Or. / Marne (Haute-). / Saône-et-Loire.
Douai. . . .	Nord. / Pas-de-Calais.
Grenoble. . .	Alpes (Hautes-). / Drôme. / Isère.
Limoges. . .	Corrèze. / Creuse. / Vienne (Haute-).
Lyon	Ain. / Loire. / Rhône.
Montpellier. .	Aude. / Aveyron. / Hérault. / Pyrénées-Orientales.
Nancy. . . .	Ardennes. / Meurthe-et-Moselle. / Meuse. / Vosges.
Nîmes. . . .	Ardèche. / Gard. / Lozère. / Vaucluse.
Orléans. . .	Indre-et-Loire. / Loiret. / Loir-et-Cher.
Paris. . . .	Aube. / Eure-et-Loir. / Marne. / Seine. / Seine-et-Marne. / Seine-et-Oise. / Yonne.
Pau.	Landes. / Pyrénées (Basses-). / Pyrénées (Hautes-).
Poitiers. . .	Charente-Inférieure. / Sèvres (Deux-). / Vendée. / Vienne.
Rennes . . .	Côtes-du-Nord. / Finisterre. / Ille-et-Vilaine. / Loire-Inférieure. / Morbihan.
Riom.	Allier. / Cantal. / Loire (Haute-). / Puy-de-Dôme.
Rouen. . . .	Eure. / Seine-Inférieure.
Toulouse. . .	Ariége. / Garonne (Haute-). / Tarn. / Tarn-et-Garonne.

Il y a, en outre, une cour d'appel à Alger, pour les trois départements de l'Algérie, — et d'autres au Fort-de-France (Martinique); — à la Basse-Terre (Guadeloupe); — à Saint-Louis (Sénégal); — à Saint-Denis (île de la Réunion); — à Pondichéry et à Saigon, pour nos établissem. de l'Asie.

TABLEAU DES 89 DÉPARTEMENTS

ET DES 374 ARRONDISSEMENTS

(y compris l'Algérie).

(Les chefs-lieux de département sont en italique.)

DÉPARTEMENTS.	ARRONDISSEMENTS.
AIN	*Bourg*, Belley, Gex, Nantua, Trévoux.
AISNE	*Laon*, Château-Thierry, Saint-Quentin, Soissons, Vervin
ALLIER	*Moulins*, Gannat, la Palisse, Montluçon.
ALPES (BASSES-)	*Digne*, Barcelonnette, Castellane, Forcalquier, Sisteron.
ALPES (HAUTES-)	*Gap*, Briançon, Embrun.
ALPES-MARITIMES	*Nice*, Grasse, Puget-Théniers.
ARDÈCHE	*Privas*, Largentière, Tournon.
ARDENNES	*Mézières*, Rethel, Rocroi, Sedan, Vouziers.
ARIÉGE	*Foix*, Pamiers, Saint-Girons.
AUBE	*Troyes*, Arcis-sur-Aube, Bar-sur-Aube, Bar sur-Seine, Nogent-sur-Seine.
AUDE	*Carcassonne*, Castelnaudary, Limoux, Narbonne.
AVEYRON	*Rodez*, Espalion, Milhau, Saint-Affrique, Villefranche
BOUCHES-DU-RHÔNE	*Marseille*, Aix, Arles.
CALVADOS	*Caen*, Bayeux, Falaise, Lisieux, Pont-l'Évêque, Vire.
CANTAL	*Aurillac*, Mauriac, Murat, Saint-Flour.
CHARENTE	*Angouléme*, Barbezieux, Cognac, Confolens, Ruffec.
CHARENTE-INFÉR.	*La Rochelle*, Jonzac, Marennes, Rochefort, Saintes, Saint Jean d'Angély.
CHER	*Bourges*, Saint-Amand, Sancerre.
CORRÈZE	*Tulle*, Brive, Ussel.
CORSE	*Ajaccio*, Bastia, Calvi, Corté, Sartène.
CÔTE-D'OR	*Dijon*, Beaune, Châtillon-sur-Seine, Semur.
CÔTES-DU-NORD	*Saint-Brieuc*, Dinan, Guingamp, Lannion, Loudéac.
CREUSE	*Guéret*, Aubusson, Bourganeuf, Boussac.
DORDOGNE	*Périgueux*, Bergerac, Nontron, Ribérac, Sarlat.
DOUBS	*Besançon*, Baume-les-Dames, Montbéliard, Pontarlier.
DRÔME	*Valence*, Die, Montélimar, Nyons.
EURE	*Évreux*, les Andelys, Bernay, Louviers, Pont-Audemer.
EURE-ET-LOIR	*Chartres*, Châteaudun, Dreux, Nogent-le-Rotrou.
FINISTERRE	*Quimper*, Brest, Châteaulin, Morlaix, Quimperlé.
GARD	*Nimes*, Alais, Uzès, le Vigan.
GARONNE (HAUTE-)	*Toulouse*, Muret, Saint-Gaudens, Villefranche.
GERS	*Auch*, Condom, Lectoure, Lombez, Mirande.
GIRONDE	*Bordeaux*, Bazas, Blaye, la Réole, Lesparre, Libourne.
HERAULT	*Montpellier*, Béziers, Lodève, Saint-Pons.
ILLE-ET-VILAINE	*Rennes*, Fougères, Montfort, Redon, Saint-Malo, Vitré.
INDRE	*Châteauroux*, le Blanc, la Châtre, Issoudun.
INDRE-ET-LOIRE	*Tours*, Chinon, Loches.
ISERE	*Grenoble*, la Tour-du-Pin, Saint-Marcellin, Vienne.
JURA	*Lons-le-Saunier*, Dôle, Poligny, St-Claude.
LANDES	*Mont-de-Marsan*, Dax, Saint-Sever.
LOIR-ET-CHER	*Blois*, Romorantin, Vendôme.
LOIRE	*Saint-Étienne*, Montbrison, Roanne.
LOIRE (HAUTE-)	*Le Puy*, Brioude, Issingeaux.
LOIRE-INFÉRIEURE	*Nantes*, Ancenis, Châteaubriant, Paimbœuf, Saint-Nazaire.
LOIRET	*Orléans*, Gien, Montargis, Pithiviers.

DÉPARTEMENTS.	ARRONDISSEMENTS.
LOT.	*Cahors*, Figeac, Gourdon.
LOT-ET-GARONNE.	*Agen*, Marmande, Nérac, Villeneuve-sur-Lot.
LOZÈRE.	*Mende*, Florac, Marvéjols.
MAINE-ET-LOIRE.	*Angers*, Baugé, Cholet, Saumur, Segré.
MANCHE.	*Saint-Lô*, Avranches, Cherbourg, Coutances, Mortain, Valognes.
MARNE	*Châlons*, Épernay, Reims, Sainte-Menehould, Vitry-le-François.
MARNE (HAUTE-).	*Chaumont*, Langres, Vassy.
MAYENNE.	*Laval*, Château-Gontier, Mayenne.
MEURTHE - ET - MO-SELLE	*Nancy*, Lunéville, Toul, Briey.
MEUSE.	*Bar-le-Duc*, Commercy, Montmédy, Verdun.
MORBIHAN.	*Vannes*, Lorient, Ploermel, Pontivy.
NIÈVRE	*Nevers*, Château-Chinon, Clamecy, Cosne.
NORD	*Lille*, Avesnes, Cambrai, Douai, Dunkerque, Hazebrouck Valenciennes.
OISE.	*Beauvais*, Clermont, Compiègne, Senlis.
ORNE.	*Alençon*, Argentan, Domfront, Mortagne.
PAS-DE-CALAIS.	*Arras*, Béthune, Boulogne, Montreuil, Saint-Omer, St-Pol.
PUY-DE-DÔME.	*Clermont-Ferrand*, Ambert, Issoire, Riom, Thiers.
PYRÉNÉES (BASSES-)	*Pau*, Bayonne, Mauléon, Oloron-Sainte-Marie, Orthez.
PYRÉNÉES (HAUTES-)	*Tarbes*, Argelès, Bagnères.
PYRÉNÉES-ORIENT".	*Perpignan*, Céret, Prades.
RHÔNE.	*Lyon*, Villefranche.
SAÔNE (HAUTE-)	*Vesoul*, Gray, Lure.
SAÔNE-ET-LOIRE.	*Mâcon*, Autun, Châlon, Charolles, Louhans.
SARTHE	*Le Mans*, la Flèche, Mamers, Saint-Calais.
SAVOIE.	*Chambéry*, Albertville, Moutiers, St-Jean de Maurienne.
SAVOIE (HAUTE-)	*Annecy*, Bonneville, Saint-Julien, Thonon.
SEINE	*Paris*, Saint-Denis, Sceaux.
SEINE-ET-MARNE	*Melun*, Coulommiers, Fontainebleau, Meaux, Provins.
SEINE-ET-OISE.	*Versailles*, Corbeil, Etampes, Mantes, Pontoise, Rambouillet.
SEINE-INFÉRIEURE.	*Rouen*, Dieppe, le Havre, Neufchâtel, Yvetot.
SÈVRES (DEUX-).	*Niort*, Bressuire, Melle, Parthenay.
SOMME.	*Amiens*, Abbeville, Doullens, Montdidier, Péronne.
TARN.	*Albi*, Castres, Gaillac, Lavaur.
TARN-ET-GARONNE.	*Montauban*, Castel-Sarrazin, Moissac.
VAR.	*Draguignan*, Brignoles, Toulon.
VAUCLUSE.	*Avignon*, Apt, Carpentras, Orange.
VENDÉE.	*La Roche-sur-Yon*, Fontenay, les Sables-d'Olonne.
VIENNE.	*Poitiers*, Châtellerault, Civray, Loudun, Montmorillon.
VIENNE (HAUTE-)	*Limoges*, Bellac, Rochechouart, Saint-Yrieix.
VOSGES	*Epinal*, Mirecourt, Neufchâteau, Remiremont, Saint-Dié.
YONNE.	*Auxerre*, Avallon, Joigny, Sens, Tonnerre.

ALGÉRIE.

ALGER.	*Alger*, Blidah, Milianah.
CONSTANTINE	*Constantine*, Bône, Guelma, Philippeville, Sétif.
ORAN.	*Oran*, Mascara, Mostaganem, Tlemcen.

ANCIENS DÉPARTEMENTS (avant le traité de 1871).

MEURTHE.	*Nancy*, Château-Salins, Lunéville, Sarrebourg, Toul.
MOSELLE.	*Metz*, Briey, Sarreguemines, Thionville.
RHIN (BAS-).	*Strasbourg*, Saverne, Schlestadt, Wissembourg.
RHIN (HAUT-).	*Colmar*, Belfort, Mulhouse.

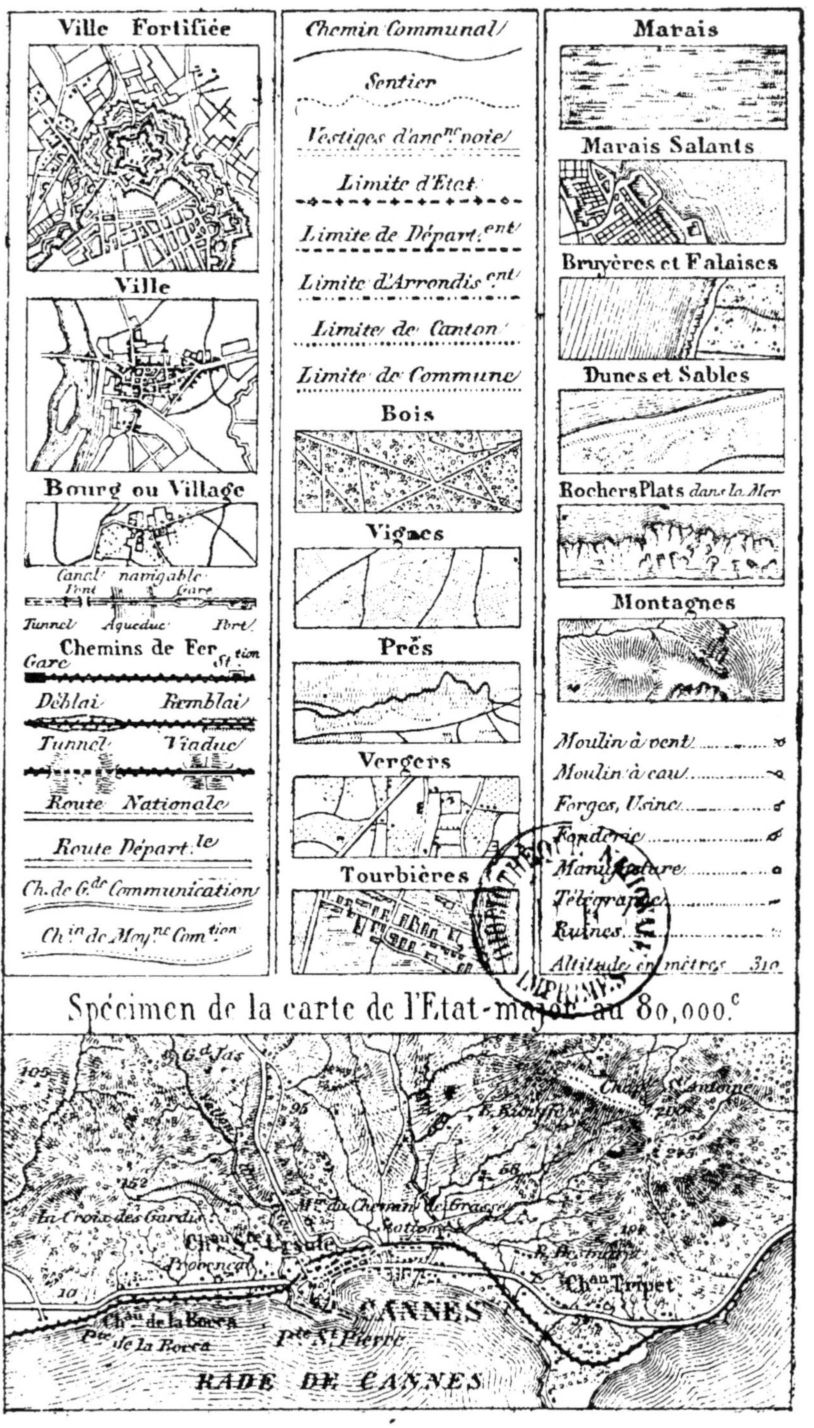
SIGNES DE LA CARTE DE FRANCE PAR L'ETAT-MAJOR AU 80,000e
Ville Fortifiée
Ville
Bourg ou Village
Canal navigable
Pont   Gare
Tunnel   Aqueduc   Pont
Chemins de Fer
Gare   Station
Déblai   Remblai
Tunnel   Viaduc
Route Nationale
Route Départ.le
Ch. de G.de Communication
Ch.in de Moy.ne Com.tion
Chemin Communal
Sentier
Vestiges d'anc.ne voie
Limite d'Etat
Limite de Départ.ent
Limite d'Arrondis.ent
Limite de Canton
Limite de Commune
Bois
Vignes
Prés
Vergers
Tourbières
Marais
Marais Salants
Bruyères et Falaises
Dunes et Sables
Rochers Plats dans la Mer
Montagnes
Moulin à vent
Moulin à eau
Forges, Usine
Fonderie
Manufacture
Télégraphe
Ruines
Altitude en mètres   310
Spécimen de la carte de l'Etat-major au 80,000c
G.d Jas
105
95
Chap. St Antoine
200
152
66
La Croix des Gardis
M.on du Chemin de Grasse
ation
194
Ch.au St Ursule
d'Provence
Ch.au Tripet
CANNES
Ch.au de la Bocca
Pte St Pierre
Pte de la Bocca
RADE DE CANNES

www.ingramcontent.com/pod-product-compliance
Lightning Source LLC
LaVergne TN
LVHW020627200726
843508LV00002B/548